经典常谈

朱自清 / 著

人民文学出版社

图书在版编目(CIP)数据

经典常谈/朱自清著. —北京:人民文学出版社,2023
ISBN 978-7-02-018196-4

Ⅰ.①经… Ⅱ.①朱… Ⅲ.①社会科学—古籍—介绍—中国 Ⅳ.①Z835

中国国家版本馆 CIP 数据核字(2023)第 157641 号

责任编辑	廉　萍　季金萍
装帧设计	黄云香
责任印制	张　娜

出版发行	人民文学出版社
社　　址	北京市朝内大街 166 号
邮政编码	100705

印　　刷	三河市延风印装有限公司
经　　销	全国新华书店等

字　　数	143 千字
开　　本	850 毫米×1168 毫米　1/32
印　　张	7.875　插页 3
印　　数	1—10000
版　　次	2022 年 8 月北京第 1 版 2023 年 11 月北京第 2 版
印　　次	2023 年 11 月第 1 次印刷

书　　号	978-7-02-018196-4
定　　价	35.00 元

如有印装质量问题,请与本社图书销售中心调换。电话:010-65233595

目　次

导读 …………………………………………… 1

序 ……………………………………………… 1

《说文解字》第一 ……………………………… 1

《周易》第二 …………………………………… 10

《尚书》第三 …………………………………… 17

《诗经》第四 …………………………………… 26

"三礼"第五 …………………………………… 34

"春秋三传"第六（《国语》附） ……………… 40

"四书"第七 …………………………………… 46

《战国策》第八 ………………………………… 53

《史记》《汉书》第九 ………………………… 58

诸子第十 ………………………………………… 73

辞赋第十一 ……………………………………… 86

诗第十二 ………………………………………… 95

文第十三 ………………………………………… 108

延伸阅读

匆匆	130
春	132
背影	134
荷塘月色	137
桨声灯影里的秦淮河	140
白马湖	150
冬天	153
怎样学习国文	
——在昆明中法中学讲演	156
文学的标准和尺度	161
古文学的欣赏	169
论雅俗共赏	175
《诗言志辨》序	183
王安石《明妃曲》	188
《古诗十九首》释	191
编后记	234

导 读

中国封建时代的教育是以读经为核心的。世世代代的读书人，从童蒙时代开始，就接触"四书五经"，这是他们必须熟悉的功课。直到20世纪初，随着最后一个封建王朝清朝的垮台，教育改革才轰轰烈烈地进行起来。特别是经过新文化运动之后，儒家经典原本至高无上的地位遭到了致命的打击，新式的多学科教育取代了传统的经学教育。然而，这并不意味着可以抛弃对学生进行经典阅读的训练。我国几千年积累的丰厚的文化遗产该怎样来继承，在中小学教育里应该怎样把握经典训练的"度"，就成了一个人们争论纷纷的问题。在民国时代，曾经有人发起过几次读经的运动，但是都没有成功。也有一些人尝试用浅显的白话来介绍或翻译古代经典，启发人们对经典的学习兴趣，起到了较好的效果。在这一类型的书中，朱自清的《经典常谈》是非常出色的一种，直到今天仍然深受欢迎。

《经典常谈》一书，写作时间在1938到1942年间，于

1942年出版。当时朱自清在昆明西南联合大学任教。它的写作,是由当时负责统筹中小学国文教科书编写工作的杨振声建议的。编写这类普及传统经典知识的书籍,其思想来源应该是胡适于1923年发起的"整理国故"运动。

这本小册子分十三个专题介绍了一些主要的古代经典,分别是:《说文解字》、《周易》、《尚书》、《诗经》、"三礼"、"春秋三传"(《国语》附)、"四书"、《战国策》、《史记》《汉书》、诸子、辞赋、诗、文。可见书中提及的"经典",并不仅仅限于儒家的"十三经",而是取其广义,包括了群经、先秦诸子、几种史书和一些集部。尤其能够表现作者独到眼光的是,书中还介绍了"小学"的代表性著作《说文解字》。这样,《经典常谈》的选材也就覆盖了古代典籍的几大主要门类了。这就让一般的读者能够更多地了解我国古籍的基本情况。朱自清对于经典的把握能力还体现在他对各专题比重的处理上。他对最重要的经部著作做了重点介绍;而集部书则用《辞赋》《诗》《文》三篇统一论述,所以这三篇实际上是具体而微的分体文学史。要在这短短的三篇里把我国诗赋文章的源流叙述清楚,实非易事。所谓"厚积薄发"的功夫,在这里就表现出来了。作者就像一个善于说故事的人,把原本很复杂的事情剖析得清清楚楚,然后用通俗简易的文字,深入浅出地娓娓道来,让读者在一种很轻松的气氛中学习到知识。朱自清曾经做过中学教师,所以在普及式教育方面比一般的大学教授更有经验,这恐怕是《经典常谈》一书取得成功的重要原因之一。

在写作这本书的时候，朱自清的着眼点虽然主要在于普及性，但是他也并没有放弃学术性。他在书中吸收了清代以来、直到当时最新的研究成果。他在自序中说："各篇的讨论，尽量采择近人新说；这中间并无编撰者自己的创见，编撰者的工作只是编撰罢了。"朱先生是很谦虚的。实际上，不管是介绍古人旧说，还是"采择近人新说"，都需要作者有深入广泛的阅读，然后在各种学说之间进行甄别、推敲和选择，这需要长期艰辛的努力，更需要独到的学术眼光。虽然最后写出来的字数只有那么一点，但它后面做支撑的，是作者多年的苦功。正如我们常常拿来做比喻的冰山，真正露出海面的只是其总体量的很小一部分。

举一个具体的例子。清朝后期，今文学派复兴，对古文经进行攻击，说它们是伪作。其中《左传》的真伪问题是争论的核心。刘逢禄《左氏春秋考证》认为《左传》是西汉末年刘歆把古书《左氏春秋》改造而成的。今文学派的代表康有为在《新学伪经考》（1891年刊行）中，认定西汉末年刘歆所力争立博士的《周礼》《逸礼》《左传》《毛诗》，全都是刘歆伪造的，都是"伪经"；而其《孔子改制考》（1898年刊行）则认定《春秋》是孔子为了改制而托古创作的书。20世纪20年代形成的"古史辨派"，把今文学派的疑古思想做了进一步的发挥。"古史辨派"的领军人物是朱自清在北京大学的同学顾颉刚。他提出"层累地造成的古史观"，1930年又发表重要论文《五德终始说下的政治和历史》，也同意刘歆伪造《左传》的说法。而钱穆、杨向奎等学者则撰文反对伪作说。一时之间，争论极其热烈。"古史辨派"受今文学派疑古思想的影响，又在新文化运动民主、科学思想的洗礼下，探求古史真相，敢于革新，敢于质疑，开创了一代新的学风，具有打破旧时代思想枷锁，反封建、反保守的重要意义，但是他们疑古过甚，否定了许多古籍的真实性，又难免有偏颇之处。

由于抗日战争爆发，"古史辨派"的主将分散到各地，其思潮也开始渐渐回落，但仍然在学界有着很大的影响力。朱自清在《经典常谈》受"古史辨派"的影响不小，充分地吸收了其学说中有益的部分。他在"《周易》第二""《尚书》第三""《诗经》第四"这三个专题后，都把《古史辨》杂志列为参考资料。但是他对于"古史辨派"过分的疑古，明显是有所保留的。在其"春秋三传第六"中，朱先生并没有采纳今文学家和顾颉刚等人的观点，而是仍然把《左传》当成是可信的经典，只是说明"《左传》的著者我们也不知道。说是左丘明，但矛盾太多，不能教人相信"。

所以，被朱自清自称为"尽量采择近人新说"的《经典常谈》，实际上对于各派学说是狠下了一番斟酌、取舍功夫的。这取舍之间，就体现了朱先生自己的观点。在今天看来，他的观点基本上是不偏不倚的。这似乎并没有太多出奇之处，然而要经受住时间的考验，却是需要卓越独到的识见才能做得到的。正是因为这一点，《经典常谈》才能够葆有长久的生命力，其观点直到今天仍然可以被大家接受。

有一种很常见的误解，认为知识普及性文章的档次低，找一般作者写就好了，不必水平高的人去写。其实写普及文章并不容易，一般人往往写不好。尤其是普及艰深的知识，最需要功力，最需要专家甚至大家来写。只有专家才有深厚的学问，不会犯低级错误；了解治学的门道，知道该如何引导初学者入门。而朱自清先生比其他学问家又多了一个优点，他自己就是一个顶级的散文家，写得一手最漂亮的白话文。所以在文字表达上，他是有自己独特的优势的，是很便于读者理解的。

当然，那些艰深的学问知识，毕竟还是有门槛的，介绍文字不可能完全明白如话，阅读起来终究还是要费一番精神，否则它们就不能被称作艰深的知识。我们不能指望所有知识都可以用最简单的话来说清楚，读者可以毫不费力地理解，这也是大家学习时要注意的一点。学习本身就不是一件容易的事情，是要面对困难的，不管哪一科，都是如此。这一点，应该成为常识。

所以，我不会特别强调朱先生这本书的通俗易懂来吸引读者。我反倒想对年轻朋友们说几句"吓唬"的话。一味追求学习的容易，想找到一种事半功倍的捷径，并不是一种美德，而是一种不切实际的幻想。对于热爱传统文化，想要了解国学经典的朋友，应该一开始就树立这样一种认识：学习国学不像打游戏、刷视频那么轻松愉快，是要准备攻坚克难的，在大部分的时候，很辛苦乏味。兴趣如果没有恒心和毅力做支撑，是浅薄的，也是无法持久的。阅读《经典常谈》这样入门的普及著作，也并不是一件特别轻易就可以完成的工作,需要思考和咀嚼。在被它带入门之后,还要去阅读古籍原文,才能真正地亲近经典,更好地领会《经典常谈》画出的理论框架。

我们常常面临两个问题:什么样的国学老师才是好的老师?什么样的书才是好的国学普及著作?就老师来说,我们要看他能不能把一篇古文老老实实逐字逐句解读清楚,把一部古籍的基本面貌言简意赅地说明白,能够正面回答相关理论问题,而且要准确,不能有大的硬伤,不能顾左右而言他。能够做到这一点的,才是真正的有学问的好老师。同样,好的国学普及著作也应该如此,知识的准确性应该是第一位的。在文字表达上,既不能太艰深,拒人于千里之外;也不能太媚俗,过分追求阅读快感。入门须正,立意须高。有志于学习传统经典的读者,要选择那些能够去伪存真、去粗取精、剔除糟粕、弘扬精华、帮助读者获得真知、打开通向知识殿堂的道路的作品。在这方面,朱自清的《经典常谈》无疑可算一个标杆。朱先生毕生致力于我国的教育事业,振兴祖国教育的神圣使命感,使他在教学和研究工作中始终保持了严谨负责的态度。即使是写作像《经典常谈》这样的普及著作,他也是字斟句酌,一丝不苟,保证了学术质量。也正因为如此,这本书才得以经受住时间的考验,在八十年间不断重印,到今天仍然保持着旺盛的生命力。

这样一本看似简单的小书,倾注了朱自清先生许多的心血和对后学的殷殷关爱。叶圣陶先生在1980年写的《重印〈经典常谈〉序》中这样评论道:"朱先生逝世已经三十二年,重看这本书,他的声音笑貌宛然在面前,表现在字里行间的他那种嚼饭哺人的孜孜不倦的精神,使我追怀不已,痛惜他死得太早了。"他这种可贵的精神,值得我们细细体会,更值得我们认真学习,代代传承。我们期待着,有更多的读者通过《经典常谈》来亲近我们的经典古籍和传统文化;我们也期待着,有更多像《经典常谈》这样优秀的普及著作面世。

赵长征

序

在中等以上的教育里,经典训练应该是一个必要的项目。经典训练的价值不在实用,而在文化。有一位外国教授说过,阅读经典的用处,就在教人见识经典一番。这是很明达的议论。再说做一个有相当教育的国民,至少对于本国的经典,也有接触的义务。本书所谓经典是广义的用法,包括群经、先秦诸子、几种史书、一些集部;要读懂这些书,特别是经、子,得懂"小学",就是文字学,所以《说文解字》等书也是经典的一部分。我国旧日的教育,可以说整个儿是读经的教育。经典训练成为教育的唯一的项目,自然偏枯失调;况且从幼童时代就开始,学生食而不化,也徒然摧残了他们的精力和兴趣。新式教育施行以后,读经渐渐废止。民国以来虽然还有一两回中小学读经运动,可是都失败了,大家认为是开倒车。另一方面,教育部制定的初中国文课程标准里却有"使学生从本国语言文字上,了解固有文化"的话,高中的标准里更有"培养学生读解古书,欣赏中国文学名著之能力"的话。初高中的国文教材，从经典选录的也不少。可见读经的废止并不就是经典训练的废止，经典训练不但没有废止，而且扩大了范围，不以经为限，又按着学生程度选材，可以免掉他们囫囵吞枣的弊病。这实在是一种进步。

我国经典，未经整理，读起来特别难，一般人往往望而生畏，结果是敬而远之。朱子似乎见到了这个，他注"四书"，一种作用就是使"四书"普及于一般人。他是成功的，他的"四书"注后来成了小学教科书。又如清初人选注的《史记菁华录》，价值和影响虽然远在"四书"注之下，可是也风行了几百年，帮助初学不少。但到了现在这时代，这些书都不适用了。我们知道清代"汉学家"对于经典的校勘和训诂贡献极大。我们理想中一般人的经典读本——有些该是全书，有些只该是选本节本——应该尽可能地采取他们的结论：一面将本文分段，仔细地标点，并用白话文做简要的注释。每种读本还得有一篇切实而浅明的白话文导言。这需要见解、学力和经验，不是一个人一个时期所能成就的。商务印书馆编印的一些《学生国学丛书》，似乎就是这番用意，但离我们理想的标准还远着呢。理想的经典读本既然一时不容易出现，有些人便想着先从治标下手。顾颉刚先生用浅明的白话文译《尚书》，又用同样的文体写《汉代学术史略》，用意便在这里。这样办虽然不能教一般人直接亲近经典，却能启发他们的兴趣，引他们到经典的大路上去。这部小书也只是向这方面努力的工作。如果读者能把它当作一只船,航到经典的海里去,编撰者将自己庆幸,在经典训练上,尽了他做尖兵的一份儿。可是如果读者念了这部书,便以为已经受到了经典训练,不再想去见识经典,那就是以筌为鱼,未免孤负编撰者的本心了。

这部书不是"国学概论"一类。照编撰者现在的意见,"概论"这名字容易教读者感到自己满足;"概论"里好像什么都有了,再用不着别的——其实什么都只有一点儿!"国学"这名字,和西洋人所谓"汉学"一般,都未免笼统的毛病。国立中央研究院的历史语言研究所分别标明历史和语言,不再浑称"国学",确是正办。这部书以经典为主,以书为主,不以"经学""史学""诸子学"等作纲领。但"诗""文"两篇,却还只能叙述源流;因为书太多了,没法子一一详论,而集部书的问题,也不像经、史、子的那样重要,在这儿也无需详论。书中各篇的排列按照传统的经史子集的顺序;并照传统的意见将"小学"书放在最前头。各篇的讨论,尽量采择近人新说;这中间并无编撰者自己的创见,编撰者的工作只是编撰罢了。全篇的参考资料,开列在各篇后面;局部的,随处分别注明。也有袭用成说而没有注出的,那是为了节省读者的注意力;一般的读物和考据的著作不同,是无需乎那样严格的。末了儿编撰者得谢谢杨振声先生,他鼓励编撰者写下这些篇常谈。还得谢谢雷海宗先生允许引用他还没有正式印行的《中国通史选读》讲义,陈梦家先生允许引用他的《中国文字学》稿本。还得谢谢董庶先生,他给我钞了全份清稿,让排印时不致有太多的错字。

朱自清

三十一年二月,昆明西南联合大学

《说文解字》第一

中国文字相传是黄帝的史官叫仓颉的造的。这仓颉据说有四只眼睛,他看见了地上的兽蹄儿鸟爪儿印着的痕迹,灵感涌上心头,便造起文字来。文字的作用太伟大了,太奇妙了,造字真是一件神圣的工作。但是文字可以增进人的能力,也可以增进人的巧诈。仓颉泄漏了天机,却将人教坏了。所以他造字的时候,"天雨粟,鬼夜哭。"人有了文字,会变机灵了,会争着去作那容易赚钱的商人,辛辛苦苦去种地的便少了。天怕人不够吃的,所以降下米来让他们存着救急。鬼也怕这些机灵人用文字来制他们,所以夜里嚎哭;①文字原是有巫术的作用的。但仓颉造字的传说,战国末期才有。那时人并不都相信;如《易·系辞》里就只说文字是"后世圣人"造出来的。这"后世圣人"不止一人,是许多人。我们知道,文字不断地在演变着;说是一人独创,是

---

① 《淮南子·本经训》及高诱注。

不可能的。《系辞》的话自然合理得多。

"仓颉造字说"也不是凭空起来的。秦以前是文字发生与演化的时代,字体因世因国而不同,官书虽是系统相承,民间书却极为庞杂。到了战国末期,政治方面,学术方面,都感到统一的需要了,鼓吹的也有人了;文字统一的需要,自然也在一般意识之中。这时候抬出一个造字的圣人,实在是统一文字的预备工夫,好教人知道"一个"圣人造的字当然是该一致的。《荀子·解蔽篇》说,"好书者众矣,而仓颉独传者,一也","一"是"专一"的意思,这儿只说仓颉是个整理文字的专家,并不曾说他是造字的人;可见得那时"仓颉造字说"还没有凝成定型。但是,仓颉究竟是什么人呢?照近人的解释,"仓颉"的字音近于"商契",造字的也许指的是商契。商契是商民族的祖宗。"契"有"刀刻"的义;古代用刀笔刻字,文字有"书契"的名称。可能因为这点联系,商契便传为造字的圣人。事实上商契也许和造字全然无涉,但这个传说却暗示着文字起于夏商之间。这个暗示也许是值得相信的。至于仓颉是黄帝的史官,始见于《说文序》。"仓颉造字说"大概凝定于汉初,那时还没有定出他是哪一代的人;《说文序》所称,显然是后来加添的枝叶了。

识字是教育的初步。《周礼·保氏》说贵族子弟八岁入小学,先生教给他们识字。秦以前字体非常庞杂,贵族子弟所学的,大约只是官书罢了。秦始皇统一了天下,他也统一了文字;小篆成了国书,别体渐归淘汰,识字便简易多了。

这时候贵族阶级已经没有了,所以渐渐注重一般的识字教育。到了汉代,考试史、尚书史(书记秘书)等官儿,都只凭识字的程度;识字教育更注重了。识字需要字书。相传最古的字书是《史籀篇》,是周宣王的太史籀作的。这部书已经佚去,但许慎《说文解字》里收了好些"籀文",又称为"大篆",字体和小篆差不多,和始皇以前三百年的碑碣器物上的秦篆简直一样。所以现在相信这只是始皇以前秦国的字书。"史籀"是"书记必读"的意思,只是书名。不是人名。

始皇为了统一文字,教李斯作了《仓颉篇》七章,赵高作了《爰历篇》六章,胡母敬作了《博学篇》七章。所选的字,大部分还是《史籀篇》里的,但字体以当时通用的小篆为准,便与籀文略有不同。这些是当时官定的标准字书。有了标准字书,文字统一就容易进行了。汉初,教书先生将这三篇合为一书,单称为《仓颉篇》。秦代那三种字书都不传了;汉代这个《仓颉篇》,现在残存着一部分。西汉时期还有些人作了些字书,所选的字大致和这个《仓颉篇》差不多。其中只有史游的《急就篇》还存留着。《仓颉》残篇四字一句,两句一韵。《急就篇》不分章而分部,前半三字一句,后半七字一句,两句一韵;所收的都是名姓、器物、官名等日常用字,没有说解。这些书和后世"日用杂字"相似,按事类收字——所谓分章或分部,都据事类而言。这些一面供教授学童用,一面供民众检阅用,所收约三千三百字,是通俗的字书。

东汉和帝时,有个许慎,作了一部《说文解字》。这是一部划时代的字书。经典和别的字书里的字，他都搜罗在他的书里，所以有九千字。而且小篆之外，兼收籀文"古文"；"古文"是鲁恭王所得孔子宅"壁中书"及张仓所献《春秋左氏传》的字体，大概是晚周民间的别体字。许氏又分析偏旁，定出部首，将九千字分属五百四十部首。书中每字都有说解，用晚周人作的《尔雅》，扬雄的《方言》，以及经典的注文的体例。这部书意在帮助人通读古书，并非只供通俗之用，和秦代及西汉的字书是大不相同的。它保存了小篆和一些晚周文字，让后人可以溯源沿流；现在我们要认识商周文字，探寻汉以来字体演变的轨迹，都得凭这部书。而且不但研究字形得靠它，研究字音字义也得靠它。研究文字的形音义的，以前叫"小学"，现在叫文字学。从前学问限于经典，所以说研究学问必须从小学入手；现在学问的范围是广了，但要研究古典、古史、古文化，也还得从文字学入手。《说文解字》是文字学的古典，又是一切古典的工具或门径。

《说文序》提起出土的古器物，说是书里也搜罗了古器物铭的文字，便是"古文"的一部分，但是汉代出土的古器物很少；而拓墨的法子到南北朝才有，当时也不会有拓本，那些铭文，许慎能见到的怕是更少。所以他的书里还只有秦篆和一些晚周民间书，再古的可以说是没有。到了宋代，古器物出土的多了，拓本也流行了，那时有了好些金石图录考释的书。"金"是铜器，铜器的铭文称为金文。铜器里钟鼎最是重器，所以也称为钟鼎文。这些铭文都是记事的。

而宋以来发见的铜器大都是周代所作,所以金文多是两周的文字。清代古器物出土的更多,而光绪二十五年(西元一八九九)河南安阳发现了商代的甲骨,尤其是划时代的。甲是龟的腹甲,骨是牛胛骨。商人钻灼甲骨,以卜吉凶,卜完了就在上面刻字纪录。这称为甲骨文,又称为卜辞,是盘庚(约西元前一三〇〇)以后的商代文字。这大概是最古的文字了。甲骨文、金文,以及《说文》里所谓"古文",还有籀文,现在统统算作古文字,这些大部分是文字统一以前的官书。甲骨文是"契"的;金文是"铸"的。铸是先在模子上刻字,再倒铜。古代书写文字的方法除"契"和"铸"外,还有"书"和"印",因用的材料而异。"书"用笔,竹木简以及帛和纸上用"书"。"印"是在模子上刻字,印在陶器或封泥上①。古代用竹木简最多,战国才有帛;纸是汉代才有的。笔出现于商代,却只用竹木削成。竹木简、帛、纸,都容易坏,汉以前的,已经荡然无存了。*

造字和用字有六个条例,称为"六书"。"六书"这个总名初见于《周礼》,但六书的各个的名字到汉人的书里才见。一是"象形",象物形的大概,如"日""月"等字。二是"指事",用抽象的符号,指示那无形的事类,如"二"(上)"二"(下)两个字,短画和长画都是抽象的符号,各代表着

---

① 古代简牍用泥封口,在泥上盖印。
* 【编者按】本书写作于一九四二年,此后陆续有汉之前的帛书简牍材料出土,如长沙子弹库楚帛书、信阳楚简、郭店楚简、包山楚简、云梦秦简、里耶秦简等。

一个物类。"二"指示甲物在乙物之上,"二"指示甲物在乙物之下。这"上"和"下"两种关系便是无形的事类。又如"刃"字,在"刀"形上加一点,指示刃之所在,也是的。三是"会意",会合两个或两个以上的字为一个字,这一个字的意义是那几个字的意义积成的,如"止""戈"为"武","人""言"为"信"等。四是"形声",也是两个字合成一个字,但一个字是形,一个字是声;形是意符,声是音标。如"江""河"两字,"氵"(水)是形,"工""可"是声。但声也有兼义的。如"浅""钱""贱"三字,"水""金""贝"是形,同以"戋"为声;但水小为"浅",金小为"钱",贝小为"贱",三字共有的这个"小"的意义,正是从"戋"字来的。象形、指事、会意、形声,都是造字的条例;形声最便,用处最大,所以我们的形声字最多。

五是"转注",就是互训。两个字或两个以上的字,意义全部相同或一部相同,可以互相解释的,便是转注字,也可以叫作同义字。如"考""老"等字,又如"初""哉""首""基"等字;前者同形同部,后者不同形不同部,却都可以"转注"。同义字的孳生,大概是各地方言不同和古今语言演变的缘故。六是"假借",语言里有许多有音无形的字,借了别的同音的字,当作那个意义用。如代名词,"予""汝""彼"等,形况字"犹豫""孟浪""关关""突如"等,虚助字"于""以""与""而""则""然""也""乎""哉"等,都是假借字。又如"令",本义是"发号",借为县令的"令";"长"本义是"久远",借为县长的"长"。"县令""县长"是

"令""长"的引申义。假借本因有音无字,但以后本来有字的也借用别的字。所以我们现在所用的字,本义的少,引申义的多,一字数义,便是这样来的。这可见假借的用处也很广大。但一字借成数义,颇不容易分别。晋以来通行了四声,这才将同一字分读几个音,让意义分得开些。如"久远"的"长"平声,"县长"的"长"读上声之类。这样,一个字便变成几个字了。转注假借都是用字的条例。

象形字本于图画。初民常以画记名,以画记事;这便是象形的源头。但文字本于语言,语言发于声音,以某声命物,某声便是那物的名字。这是"名";"名"该只指声音而言。画出那物形的大概,是象形字。"文字"与"字"都是通称;分析的说,象形的字该叫做"文","文"是"错画"的意思①。"文"本于"名",如先有"日"名,才会有"日"这个"文";"名"就是"文"的声音。但物类无穷,不能一一造"文",便只得用假借字。假借字以声为主,也可以叫做"名"。一字借为数字,后世用四声分别,古代却用偏旁分别,这便是形声字。如"囟"本像箕形,是"文",它的"名"是"丩"。而日期的"期",旗帜的"旗",麒麟的"麒"等,在语言中与"囟"同声,却无专字,便都借用"囟"字。后来才加"月"为"期",加"㫃"为"旗",加"鹿"为"麒",一个字变成了几个字。严格地说,形声字才该叫做"字","字"是"孳

---

① 《说文·文部》。

乳而渐多"的意思。① 象形有抽象作用,如一画可以代表任何一物,"⼆"(上)、"⼆"(下)、"一"、"二"、"三"其实都可以说是象形。象形又有指示作用,如"刀"字上加一点,表明刃在那里。这样,旧时所谓指事字其实都可以归入象形字。象形还有会合作用,会合两个或两个以上的分子,表示一个意义;那么,旧时所谓会意字其实也可以归入象形字。但会合成功的不是"文",也该是"字"。象形字、假借字、形声字,是文字发展的逻辑的程序,但甲骨文里三种字都已经有了。这里所说的程序,是近人新说,和"六书说"颇有出入。六书说原有些不完备不清楚的地方,新说加以补充修正,似乎更可信些。

秦以后只是书体演变的时代。演变的主因是应用,演变的方向是简易。始皇用小篆统一了文字,不久便又有了"隶书"。当时公事忙,文书多,书记虽遵用小篆,有些下行文书,却不免写得草率些。日子长了,这样写的人多了,便自然而然成了一体,称为"隶书";因为是给徒隶等下级办公人看的。这种字体究竟和小篆差不多。到了汉末,才渐渐变了,椭圆的变为扁方的,"敛笔"变为"挑笔"。这是所谓汉隶,是隶书的标准。晋唐之间,又称为"八分书"。汉初还有草书,从隶书变化,更为简便。这从清末以来在新疆和敦煌发现的汉晋间的木简里最能见出。这种草书,各字分开,还带着挑笔,称为"章草"。魏晋之际,又嫌挑笔费

---

① 《说文序》。

事,改为敛笔,字字连书,以一行或一节为单位。这称为"今草"。隶书方整,去了挑笔,又变为"正书"。这起于魏代。晋唐之间,却称为"隶书",而称汉隶为"八分书"。晋代也称为"楷书"。宋代又改称为"真书"。正书本也是扁方的,到陈隋的时候,渐渐变方了。到了唐代,又渐渐变长了。这是为了好看。正书简化,便成"行书",起于晋代。大概正书不免于拘,草书不免于放,行书介乎两者之间,最为适用。但现在还通用着正书,而辅以行草。一方面却提倡民间的"简笔字",将正书行书再行简化;这也还是求应用便利的缘故。

[参考资料]

《说文解字》叙。

容庚《中国文字学》。

陈梦家《中国文字学》稿本。

《周易》第二

在人家门头上，在小孩的帽饰上，我们常见到八卦那种东西。八卦是圣物；放在门头上，放在帽饰里，是可以辟邪的。辟邪还只是它的小神通；它的大神通在能够因往知来，预言吉凶。算命的，看相的，卜课的，都用得着它。他们普通只用五行生克的道理就够了，但要详细推算，就得用阴阳和八卦的道理。八卦及阴阳五行和我们非常熟习；这些道理直到现在还是我们大部分人的信仰；我们大部分人的日常生活不知不觉之中教这些道理支配着。行人不至，谋事未成，财运欠通，婚姻待决，子息不旺，乃至种种疾病疑难，许多人都会去求签问卜，算命看相，可见影响之大。讲五行的经典，现在有《尚书·洪范》；讲八卦的便是《周易》。

八卦相传是伏羲氏画的。另一个传说却说不是他自出心裁画的。那时候有匹龙马从黄河里出来，背着一幅图，上面便是八卦，伏羲只照着描下来罢了。但这因为伏羲是圣人，那时代是圣世，天才派了龙马赐给他这件圣物。所谓"河图",便是这个。那讲五行的"洪范",据说也是大禹治水时在洛水中从一只神龟背上得着的,也出于天赐。所谓"洛书",便是那个。但这些神怪的故事显然是八卦和五行的宣传家造出来抬高这两种学说的地位的。伏羲氏恐怕压根儿就没有这个人,他只是秦汉间儒家假托的圣王。至于八卦,大概是有了筮法以后才有的。商民族是用龟的腹甲或牛的胛骨卜吉凶,他们先在甲骨上钻一下,再用火灼;甲骨经火,有裂痕,便是兆象,卜官细看兆象,断定吉凶;然后便将卜的人、卜的日子、卜的问句等用刀笔刻在甲骨上。这便是卜辞。卜辞里并没有阴阳的观念,也没有八卦的痕迹。

卜法用牛骨最多,用龟甲是很少的。商代农业刚起头,游猎和畜牧还是主要的生活方式。那时牛骨头不缺少,到了周代,渐渐脱离游牧时代,进到农业社会了。牛骨头便没有那么容易得了。这时候却有了筮法,作为卜法的辅助。筮法只用些蓍草,那是不难得的。蓍草是一种长寿草,古人觉得这草和老年人一样,阅历多了,知道的也就多了,所以用它来占吉凶。筮的时候用它的秆子;方法已不能详知,大概是数的。取一把蓍草,数一下看是什么数目,看是奇数还是偶数,也许这便可以断定吉凶。古代人看见数目整齐而又有变化,认为是神秘的东西。数目的连续、循环以及奇偶,都引起人们的惊奇。那时候相信数目是有魔力的,所以巫术里用得着它。——我们一般人直到现在,还嫌恶奇数,喜欢偶数,该是那些巫术的遗迹。那时候又相信数目是有道理的,所以哲学里用得着它。我们现在还说,凡事都有定数,这就是前定的意思;这是很古的信仰了。人生有数,世界也有数,数是算好了的一笔账;用现在的话说,便是机械的。数又是宇宙的架子,如说太极生两仪,两仪生四象,①就是一生二、二生四的意思。筮法可以说是一种巫术,是靠了数目来判断吉凶的。

八卦的基础便是一二三的数目。整画"—"是一;断画"– –"是二;三画叠而成卦是三。这样配出八个卦,便是☰☱☲☳☴☵☶☷;乾、兑、离、震、艮、坎、巽、坤,是这些卦的名字。那整画断画的排列,也许是在排列着蓍草时触悟出来的。八卦到底太简单了,后来便将这些卦重起来,两卦重作一个,按照算学里错列与组合的必然,成了六十四卦,就是《周易》里的卦数。蓍草的应用,也许起于民间;但八卦的创制,六十四卦的推演,巫与卜官大约是重要的角色。古代巫与卜官同时也就是史官,一切的记载,一切的档案,都掌管在他们手里。他们是当时知识的权威,参加创卦或重卦的工作是可能的。筮法比卜法简便得多,但起初人们并不十分信任它。直到春秋时候,还有"筮短龟长"的话。②那些时代,大概小事才用筮,大事还得用卜的。

筮法袭用卜法的地方不少。卜法里的兆象,据说有一

---

① 二语见《易·系辞》。太极是混沌的元气,两仪是天地,四象是日月星辰。
② 《左传》僖公四年。

百二十体,每一体都有十条断定吉凶的"颂"辞。① 这些是现成的辞。但兆象是自然的灼出来的,有时不能凑合到那一百二十体里去,便得另造新辞。筮法里的六十四卦,就相当于一百二十体的兆象。那断定吉凶的辞,原叫作繇辞,"繇"是抽出来的意思。《周易》里一卦有六画,每画叫作一爻——六爻的次序是由下向上数的。繇辞有属于卦的总体的,有属于各爻的;所以后来分称为卦辞和爻辞。这种卦爻辞也是卜筮官的占筮纪录,但和甲骨卜辞的性质不一样。

从卦爻辞里的历史故事和风俗制度看,我们知道这些是西周初叶的纪录,纪录里好些是不连贯的,大概是几次筮辞并列在一起的缘故。那时卜筮官将这些卦爻辞按着卦爻的顺序编辑起来,便成了《周易》这部书。"易"是"简易"的意思,是说筮法比卜法简易的意思。本来呢,卦数既然是一定的,每卦每爻的辞又是一定的,检查起来,引申推论起来,自然就"简易"了。不过这只在当时的卜筮官如此。他们熟习当时的背景,卦爻辞虽"简",他们却觉得"易"。到了后世就不然了,筮法久已失传,有些卦爻辞简直就看不懂了。《周易》原只是当时一部切用的筮书。

《周易》现在已经变成了儒家经典的第一部;但早期的儒家还没注意这部书。孔子是不讲怪、力、乱、神的。《论语》里虽有"五十以学《易》,可以无大过矣"的话,但另一个

---

① 《周礼·春官·太卜》。

本子作"五十以学，亦可以无大过矣"①，所以这句话是很可疑的。孔子只教学生读《诗》《书》和《春秋》，确没有教读《周易》。《孟子》称引《诗》《书》，也没说到《周易》。《周易》变成儒家的经典，是在战国末期。那时候阴阳家的学说盛行，儒家大约受了他们的影响，才研究起这部书来。那时候道家的学说也盛行，也从另一面影响了儒家。儒家就在这两家学说的影响之下，给《周易》的卦爻辞作了种种新解释。这些新解释并非在忠实的确切的解释卦爻辞，其实倒是借着卦爻辞发挥他们的哲学。这种新解释存下来的，便是所谓《易传》。

《易传》中间较有系统的是彖辞和象辞。彖辞断定一卦的涵义——"彖"就是"断"的意思。象辞推演卦和爻的象，这个"象"字相当于现在所谓"观念"。这个字后来成为解释《周易》的专门名词。但彖辞断定的涵义，象辞推演的观念，其实不是真正从卦爻里探究出来的；那些只是作传的人傅会在卦爻上面的。这里面包含着多量的儒家伦理思想和政治哲学；象辞的话更有许多和《论语》相近的。但说到"天"的时候，不当作有人格的上帝，而只当作自然的道，却是道家的色彩了。这两种传似乎是编纂起来的，并非一人所作。此外有《文言》和《系辞》。《文言》解释乾坤两卦；《系辞》发挥宇宙观人生观，偶然也有分别解释卦爻的话。这些似乎都是抱残守缺，汇集众说而成。到了汉代，又新发

---

① 《古论语》作"易"，《鲁论语》作"亦"。

现了《说卦》《序卦》《杂卦》三种传。《说卦》推演卦象,说明某卦的观念象征着自然界和人世间的某些事物,譬如乾卦象征着天,又象征着父之类。《序卦》说明六十四卦排列先后的道理。《杂卦》比较各卦意义的同异之处。这三种传据说是河内一个女子在什么地方找着的,后来称为《逸易》;其实也许就是汉代人作的。

八卦原只是数目的巫术,这时候却变成数目的哲学了。那整画"—"是奇数,代表天,那断画"--"是偶数,代表地。奇数是阳数,偶数是阴数;阴阳的观念是从男女来的。有天地,不能没有万物,正和有男女就有子息一样,所以三画才能成一卦。卦是表示阴阳变化的;《周易》的"易",也便是变化的意思。为什么要八个卦呢？这原是算学里错列与组合的必然,但这时候却想着是万象的分类。乾是天,是父等;坤是地,是母等;震是雷,是长子等;巽是风,是长女等;坎是水,是心病等;离是火,是中女等;艮是山,是太监等;兑是泽,是少女等。这样,八卦便象征着也支配着整个的大自然,整个的人间世了。八卦重为六十四卦,卦是复合的,卦象也是复合的,作用便更复杂更具体了。据说伏羲、神农、黄帝、尧、舜一班圣人看了六十四卦的象,悟出了种种道理,这才制造了器物,建立了制度、耒耜以及文字等等东西,"日中为市"等等制度,都是他们从六十四卦推演出来的。

这个观象制器的故事,见于《系辞》。《系辞》是最重要的一部《易传》。这传里借着八卦和卦爻辞发挥着的融合儒道的哲学,和观象制器的故事,都大大地增加了《周易》

的价值,抬高了它的地位。《周易》的地位抬高了,关于它的传说也就多了。《系辞》里只说伏羲作八卦;后来的传说却将重卦的,作卦爻辞的,作《易传》的人,都补出来了。但这些传说都比较晚,所以有些参差,不尽能像"伏羲画卦说"那样成为定论。重卦的人,有说是伏羲的,有说是神农的,有说是文王的。卦爻辞有说全是文王作的;有说爻辞是周公作的;有说全是孔子作的。《易传》却都说是孔子作的。这些都是圣人。《周易》的经传都出于圣人之手,所以和儒家所谓道统关系特别深切;这成了他们一部传道的书。所以到了汉代,便已跳到《六经》之首了①。但另一面阴阳八卦与五行结合起来,三位一体的演变出后来医卜星相种种迷信,种种花样,支配着一般民众,势力也非常雄厚。这里面儒家的影响却很少了,大部分还是《周易》原来的卜筮传统的力量。儒家的《周易》是哲学化了的;民众的《周易》倒是巫术的本来面目。

[参考资料]

顾颉刚《周易卦爻辞中的故事》(《古史辨》第三册上)。

李镜池《易传探源》(同上)。

余永梁《易卦爻辞的时代及其作者》(同上)。

---

① 《庄子》"天运篇"和"天下篇"所说《六经》的次序是:《诗》《书》《礼》《乐》《易》《春秋》,到了《汉书·艺文志》,便成了《易》《书》《诗》《礼》《乐》《春秋》了。

《尚书》第三

《尚书》是中国最古的记言的历史。所谓记言,其实也是记事,不过是一种特别的方式罢了。记事比较的是间接的,记言比较的是直接的。记言大部分照说的话写下来;虽然也须略加剪裁,但是尽可以不必多费心思。记事需要化自称为他称,剪裁也难,费的心思自然要多得多。

中国的记言文是在记事文之先发展的。商代甲骨卜辞大部分是些问句,记事的话不多见。两周金文也还多以记言为主。直到战国时代,记事文才有了长足的进展。古代言文大概是合一的;说出的写下的都可以叫作"辞"。卜辞我们称为"辞",《尚书》的大部分其实也是"辞"。我们相信这些辞都是当时的"雅言"①,就是当时的官话或普通话。但传到后世,这种官话或普通话却变成诘屈聱牙的古语了。

《尚书》包括虞夏商周四代;大部分是号令,就是向大

---

① "雅言"见《论语·述而》。

众宣布的话,小部分是君臣相告的话。也有记事的;可是照近人的说数,那记事的几篇,大都是战国末年人的制作,应该分别的看。那些号令多称为"誓"或"诰",后人便用"誓""诰"的名字来代表这一类。平时的号令叫"诰",有关军事的叫"誓"。君告臣的话多称为"命";臣告君的话却似乎并无定名,偶然有称为"谟"①的。这些辞有的是当代史官所记,有的是后代史官追记。当代史官也许根据亲闻,后代史官便只能根据传闻了。这些辞原来似乎只是说的话,并非写出的文告;史官纪录,意在存作档案,备后来查考之用。这种古代的档案,想来很多,留下来的却很少。汉代传有《书序》,来历不详,也许是周秦间人所作。有人说,孔子删《书》为百篇,每篇有序,说明作意。这却缺乏可信的证据。孔子教学生的典籍里有《书》,倒是真的。那时代的《书》是个什么样子,已经无从知道。"书"原是纪录的意思②;大约那所谓"书"只是指当时留存着的一些古代的档案而言;那些档案恐怕还是一件件的,并未结集成书。成书也许是在汉人手里。那时候这些档案留存着的更少了,也更古了,更稀罕了;汉人便将它们编辑起来,改称《尚书》。"尚","上"也;《尚书》据说就是"上古帝王的书"③。"书"上加一"尚"字,无疑的是表示着尊信的意味。至于《书》称

---

① 《说文》言部:"谟,议谋也。"
② 《说文》书部:"书,著也。"
③ 《论衡·正说篇》。

为"经",始于《荀子》①,不过也是到汉代才普遍罢了。

儒家所传的"五经"中,《尚书》残缺最多,因而问题也最多。秦始皇烧天下诗书及诸侯史记,并禁止民间私藏一切书。到汉惠帝时,才开了书禁;文帝接着更鼓励人民献书。书才渐渐见得着了。那时传《尚书》的只有一个济南伏生②。伏生本是秦博士。始皇下诏烧诗书的时候,他将《书》藏在墙壁里。后来兵乱,他流亡在外。汉定天下,才回家;检查所藏的《书》,已失去数十篇,剩下的只二十九篇了。他就守着这一些,私自教授于齐鲁之间。文帝知道了他的名字,想召他入朝。那时他已九十多岁,不能远行到京师去。文帝便派掌故官晁错来从他学。伏生私人的教授,加上朝廷的提倡,使《尚书》流传开去。伏生所藏的本子是用"古文"写的,还是用秦篆写的,不得而知;他的学生却只用当时的隶书钞录流布。这就是东汉以来所谓《今尚书》或《今文尚书》。汉武帝提倡儒学,立"五经"博士;宣帝时每经又都分家数立官,共立了十四博士。每一博士各有弟子员若干人。每家有所谓"师法"或"家法",从学者必须严守。这时候经学已成利禄的途径,治经学的自然就多起来了。《尚书》也立下欧阳(和伯)、大小夏侯(夏侯胜、夏侯建)三博士,却都是伏生一派分出来的。当时去伏生已久,传经的儒者为使人尊信的缘故,竟有硬说《尚书》完整无缺

---

① 《劝学篇》。
② 裴骃《史记集解》引张晏曰:"伏生名胜,《伏氏碑》云。"

的。他们说,二十九篇是取法天象的,一座北斗星加上二十八宿,不正是二十九吗!① 这二十九篇,东汉经学大师马融、郑玄都给作过注;可是那些注现在差不多亡失干净了。

汉景帝时,鲁恭王为了扩展自己的宫殿,去拆毁孔子的旧宅。在墙壁里得着"古文"经传数十篇,其中有《书》。这些经传都是用"古文"写的;所谓"古文",其实只是晚周民间别体字。那时恭王肃然起敬,不敢再拆房子,并且将这些书都交还孔家的主人孔子的后人叫孔安国的。安国加以整理,发见其中的《书》比通行本多出十六篇;这称为《古文尚书》。武帝时,安国将这部书献上去。因为语言和字体的两重困难,一时竟无人能通读那些"逸书",所以便一直压在皇家图书馆里。成帝时,刘向、刘歆父子先后领校皇家藏书。刘向开始用《古文尚书》校勘今文本子,校出今文脱简及异文各若干。哀帝时,刘歆想将《左氏春秋》《毛诗》《逸礼》及《古文尚书》立博士;这些都是所谓"古文"经典。当时的"五经"博士不以为然,刘歆写了长信和他们争辩。② 这便是后来所谓今古文之争。

今古文之争是西汉经学一大史迹。所争的虽然只在几种经书,他们却以为关系孔子之道即古代圣帝明王之道甚大。"道"其实也是幌子,骨子里所争的还在禄位与声势;当时今古文派在这一点上是一致的。不过两派的学风确也

---

① 《论衡·正说篇》。
② 《汉书》本传。

有不同处。大致今文派继承先秦诸子的风气,"思以其道易天下"①,所以主张通经致用。他们解经,只重微言大义;而所谓微言大义,其实只是他们自己的历史哲学和政治哲学。古文派不重哲学而重历史,他们要负起保存和传布文献的责任;所留心的是在章句训诂典礼名物之间。他们各得了孔子的一端,各有偏畸的地方。到了东汉,书籍流传渐多,民间私学日盛。私学压倒了官学,古文经学压倒了今文经学;学者也以兼通为贵,不再专主一家。但是这时候"古文"经典中《逸礼》即《礼》古经已经亡佚,《尚书》之学,也不昌盛。

东汉初,杜林曾在西州(今新疆境)得漆书《古文尚书》一卷,非常宝爱,流离兵乱中,老是随身带着。他是怕"《古文尚书》学"会绝传,所以这般珍惜。当时经师贾逵、马融、郑玄都给那一卷《古文尚书》作注,从此《古文尚书》才显于世。② 原来"《古文尚书》学"直到贾逵才真正开始;从前是没有什么师说的。而杜林所得只一卷,决不如孔壁所出的多。学者竟爱重到那般地步。大约孔安国献的那部《古文尚书》,一直埋没在皇家图书馆里,民间也始终没有盛行,经过西汉末年的兵乱,便无声无臭的亡失了罢。杜林的那一卷,虽经诸大师作注,却也没传到后世;这许又是三国兵乱的缘故。《古文尚书》的运气真够坏的,不但没有能够露

---

① 语见章学诚《文史通义·言公》上。
② 《后汉书·杨伦传》。

头角,还一而再地遭到了些冒名顶替的事儿。这在西汉就有。汉成帝时,因孔安国所献的《古文尚书》无人通晓,下诏征求能够通晓的人。东莱有个张霸,不知孔壁的书还在。便根据《书序》,将伏生二十九篇分为数十,作为中段,又采《左氏传》及《书序》所说,补作首尾,共成《古文尚书百二篇》。每篇都很简短,文意又浅陋。他将这伪书献上去。成帝教用皇家图书馆藏着的孔壁《尚书》对看,满不是的。成帝便将张霸下在狱里,却还存着他的书,并且听它流传世间。后来张霸的再传弟子樊并谋反,朝廷才将那书毁废;这第一部伪《古文尚书》就从此失传了。

到了三国末年,魏国出了个王肃,是个博学而有野心的人。他伪作了《孔子家语》《孔丛子》①,又伪作了一部孔安国的《古文尚书》,还带着孔安国的传。他是个聪明人,伪造这部《古文尚书》孔传,是很费了心思的。他采辑群籍中所引"逸书",以及历代嘉言,改头换面,巧为联缀,成功了这部书。他是参照汉儒的成法,先将伏生二十九篇分割为三十三篇,另增多二十五篇,共五十八篇②,以合于东汉儒者如桓谭、班固所记的《古文尚书》篇数。所增各篇,用力阐明儒家的"德治主义",满纸都是仁义道德的格言。这是汉武帝罢黜百家,专崇儒学以来的正统思想,所谓大经大法,足以取信于人。只看宋以来儒者所口诵心维的"十六

---

① 《家语》托名孔安国,《孔丛子》托名孔鲋。
② 桓谭《新论》作五十八,《汉书·艺文志》自注作五十七。

字心传"①，正在他伪作的《大禹谟》里，便见出这部伪书影响之大。其实《尚书》里的主要思想，该是"鬼治主义"，像《盘庚》等篇所表现的。"原来西周以前，君主即教主，可以为所欲为，不受什么政治道德的拘束。逢到臣民不听话的时候，只要抬出上帝和先祖来，自然一切解决。"这叫作"鬼治主义"。"西周以后，因疆域的开拓，交通的便利，富力的增加，文化大开。自孔子以至荀卿、韩非，他们的政治学说都建筑在人性上面。尤其是儒家，把人性扩张得极大。他们觉得政治的良好只在诚信的感应；只要君主的道德好，臣民自然风从，用不到威力和鬼神的压迫。"这叫作"德治主义"。② 看古代的档案，包含着"鬼治主义"思想的，自然比包含着"德治主义"思想的可信得多。但是王肃的时代早已是"德治主义"的时代，他的伪书所以专从这里下手。他果然成功了。只是词旨坦明，毫无诘屈聱牙之处，却不免露出了马脚。

晋武帝时候，孔安国的《古文尚书》曾立过博士③；这《古文尚书》大概就是王肃伪造的。王肃是武帝的外祖父，当时即使有怀疑的人，也不敢说话。可是后来经过怀帝永嘉之乱，这部伪书也散失了，知道的人很少。东晋元帝时，豫章内史梅赜发见了它，便拿来献到朝廷上去。这时候伪

---

① 见真德秀《大学衍义》。所谓十六字是："人心惟危，道心惟微，惟精惟一，允执厥中。"在伪《大禹谟》里，是舜对禹的话。
② 以上引顾颉刚《盘庚中篇今译》(《古史辨》第二册)。
③ 《晋书·荀嵩传》。

《古文尚书》孔传便和马、郑注的《尚书》并行起来了。大约北方的学者还是信马、郑的多,南方的学者才是信伪孔的多。等到隋统一了天下,南学压倒了北学,马、郑《尚书》,习者渐少。唐太宗时,因章句繁杂,诏令孔颖达等编撰《五经正义》;高宗永徽四年(西元六五三),颁行天下,考试必用此本。《正义》成了标准的官书,经学从此大统一。那《尚书正义》便用的伪《古文尚书》孔传。伪孔定于一尊,马、郑便更没人理睬了;日子一久,自然就残缺了,宋以来差不多就算亡了。伪《古文尚书》孔传如此这般冒名顶替了一千年,直到清初的时候。

　　这一千年中间,却也有怀疑伪《古文尚书》孔传的人。南宋的吴棫首先发难。他有《书稗传》十三卷①,可惜不传了。朱子因孔安国的"古文"字句皆完整,又平顺易读,也觉得可疑。② 但是他们似乎都还没有去找出确切的证据。至少朱子还不免疑信参半;他还采取伪《大禹谟》里"人心""道心"的话解释《四书》,建立道统呢。元代的吴澄才断然地将伏生今文从伪古文分出;他的《尚书纂言》只注解今文,将伪古文除外。明代梅鷟著《尚书考异》,更力排伪孔,并找出了相当的证据。但是严密钩稽决疑定谳的人,还得等待清代的学者。这里该提出三个可尊敬的名字。第一是清初的阎若璩,著《古文尚书疏证》,第二是惠栋,著《古文

---

① 陈振孙《直斋书录解题》四。
② 见《朱子语类》七十八。

尚书考》;两书辨析详明,证据确凿,教伪孔体无完肤,真相毕露。但将作伪的罪名加在梅赜头上,还不免未达一间。第三是清中叶的丁晏,著《尚书余论》,才将真正的罪人王肃指出。千年公案,从此可以定论。这以后等着动手的,便是搜辑汉人的伏生《尚书》说和马、郑注。这方面努力的不少,成绩也斐然可观;不过所能做到的,也只是抱残守缺的工作罢了。伏生《尚书》从千年迷雾中重露出真面目,清代诸大师的劳绩是不朽的。但二十九篇固是真本,其中也还该分别的看。照近人的意见,"周书"大都是当时史官所记,只有一二篇像是战国时人托古之作。"商书"究竟是当时史官所记,还是周史官追记,尚在然疑之间。"虞夏书"大约多是战国末年人托古之作,只《甘誓》那一篇许是后代史官追记的。这么着,《今文尚书》里便也有了真伪之分了。

[参考资料]

王先谦《尚书孔传参正序例》及卷三十六《伪孔安国序》。
顾颉刚《论今文尚书著作时代书》(《古史辨》第一册)。

《诗经》第四

诗的源头是歌谣。上古时候，没有文字，只有唱的歌谣，没有写的诗。一个人高兴的时候或悲哀的时候，常愿意将自己的心情诉说出来，给别人或自己听。日常的言语不够劲儿，便用歌唱；一唱三叹的叫别人回肠荡气。唱叹再不够的话，便手也舞起来了，脚也蹈起来了，反正要将劲儿使到了家。碰到节日，大家聚在一起酬神作乐，唱歌的机会更多。或一唱众和，或彼此竞胜。传说葛天氏的乐八章，三个人唱，拿着牛尾，踏着脚，①似乎就是描写这种光景的。歌谣越唱越多，虽没有书，却存在人的记忆里。有了现成的歌儿，就可借他人酒杯，浇自己块垒；随时拣一支合适的唱唱，也足可消愁解闷。若没有完全合适的，尽可删一些改一些，到称意为止。流行的歌谣中往往不同的词句并行不悖，就是为此。可也有经过众人修饰，成为定本的。歌谣真可说

---

① 《吕氏春秋·古乐篇》。

是"一人的机锋,多人的智慧"了。①

歌谣可分为徒歌和乐歌。徒歌是随口唱,乐歌是随着乐器唱。徒歌也有节奏,手舞脚蹈便是帮助节奏的;可是乐歌的节奏更规律化些。乐器在中国似乎早就有了,《礼记》里说的土鼓土槌儿、芦管儿②,也许是我们乐器的老祖宗。到了《诗经》时代,有了琴瑟钟鼓,已是洋洋大观了。歌谣的节奏最主要的靠重叠或叫复沓;本来歌谣以表情为主,只要翻来覆去将情表到了家就成,用不着费话。重叠可以说原是歌谣的生命,节奏也便建立在这上头。字数的均齐,韵脚的调协,似乎是后来发展出来的。有了这些,重叠才在诗歌里失去主要的地位。

有了文字以后,才有人将那些歌谣纪录下来,便是最初的写的诗了。但纪录的人似乎并不是因为欣赏的缘故,更不是因为研究的缘故。他们大概是些乐工,乐工的职务是奏乐和唱歌;唱歌得有词儿,一面是口头传授,一面也就有了唱本儿。歌谣便是这么写下来的。我们知道春秋时的乐工就和后世阔人家的戏班子一样,老板叫作太师。那时各国都养着一班乐工,各国使臣来往,宴会时都得奏乐唱歌。太师们不但得搜集本国乐歌,还得搜集别国乐歌。不但搜集乐词,还得搜集乐谱。那时的社会有贵族与平民两级。太师们是伺候贵族的,所搜集的歌儿自然得合贵族们的口

---

① 英美吉特生《英国民歌论说》。译文据周作人《自己的园地》"歌谣"章。
② "土鼓""蒉桴"见《礼运》和《明堂位》,"苇"见《明堂位》。

味;平民的作品是不会入选的。他们搜得的歌谣,有些是乐歌,有些是徒歌。徒歌得合乐才好用。合乐的时候,往往得增加重叠的字句或章节,便不能保存歌词的原来样子。除了这种搜集的歌谣以外,太师们所保存的还有贵族们为了特种事情,如祭祖、宴客、房屋落成、出兵、打猎等等作的诗。这些可以说是典礼的诗。又有讽谏、颂美等等的献诗;献诗是臣下作了献给君上,准备让乐工唱给君上听的,可以说是政治的诗。太师们保存下这些唱本儿,带着乐谱;唱词儿共有三百多篇,当时通称作"《诗》三百"。到了战国时代,贵族渐渐衰落,平民渐渐抬头,新乐代替了古乐,职业的乐工纷纷散走。乐谱就此亡失,但是还有三百来篇唱词儿流传下来,便是后来的《诗经》了。①

"诗言志"是一句古话;"诗"(訨)这个字就是"言""志"两个字合成的。但古代所谓"言志"和现在所谓"抒情"并不一样;那"志"总是关联着政治或教化的。春秋时通行赋诗。在外交的宴会里,各国使臣往往得点一篇诗或几篇诗叫乐工唱。这很像现在的请客点戏,不同处是所点的诗句必加上政治的意味。这可以表示这国对那国或这人对那人的愿望、感谢、责难等等,都从诗篇里断章取义。断章取义是不管上下文的意义,只将一章中一两句拉出来,就当前的环境,作政治的暗示。如《左传》襄公二十七年,郑伯宴晋使赵孟于垂陇,赵孟请大家赋诗,他

---

① 今《诗经》共三百十一篇,其中六篇有目无诗,实存三百零五篇。

想看看大家的"志"。子太叔赋的是《野有蔓草》。原诗首章云:"野有蔓草,零露溥兮,有美一人,清扬婉兮。邂逅相遇,适我愿兮。"子太叔只取末两句,借以表示郑国欢迎赵孟的意思;上文他就不管。全诗原是男女私情之作,他更不管了。可是这样办正是"诗言志";在那回宴会里,赵孟就和子太叔说了"诗以言志"这句话。

到了孔子时代,赋诗的事已经不行了,孔子却采取了断章取义的办法,用《诗》来讨论做学问做人的道理。"如切如磋,如琢如磨"[①],本来说的是治玉,将玉比人。他却用来教训学生做学问的工夫。[②] "巧笑倩兮,美目盼兮,素以为绚兮"[③],本来说的是美人,所谓天生丽质。他却拉出末句来比方作画,说先有白底子,才会有画,是一步步进展的;作画还是比方,他说的是文化,人先是朴野的,后来才进展了文化——文化必须修养而得,并不是与生俱来的。[④] 他如此解诗,所以说"思无邪"一句话可以包括"《诗》三百"的道理;[⑤]又说诗可以鼓舞人,联合人,增加阅历,以泄牢骚,事父事君的道理都在里面。[⑥] 孔子以后,"《诗》三百"成为儒家的"六经"之一,《庄子》和《荀子》里都说到"诗言志",

---

① 《卫风·淇奥》的句子。
② 《论语·学而》。
③ "巧笑倩兮,美目盼兮",《卫风·硕人》的句子;"素以为绚兮"一句今已佚。
④ 《论语·八佾》。
⑤ "思无邪",《鲁颂·駉》的句子;"思"是语词,无义。
⑥ 《论语·阳货》。

那个"志"便指教化而言。

但春秋时列国的赋诗只是用诗,并非解诗;那时诗的主要作用还在乐歌,因乐歌而加以借用,不过是一种方便罢了。至于诗篇本来的意义,那时原很明白,用不着讨论。到了孔子时代,诗已经不常歌唱了,诗篇本来的意义,经过了多年的借用,也渐渐含糊了。他就按着借用的办法,根据他教授学生的需要,断章取义的来解释那些诗篇。后来解释《诗经》的儒生都跟着他的脚步走。最有权威的毛氏《诗传》和郑玄《诗笺》差不多全是断章取义,甚至断句取义——断句取义是在一句两句里拉出一个两个字来发挥,比起断章取义,真是变本加厉了。

毛氏有两个人:一个毛亨,汉时鲁国人,人称为大毛公,一个毛苌,赵国人,人称为小毛公;是大毛公创始《诗经》的注解,传给小毛公,在小毛公手里完成的。郑玄是东汉人,他是专给毛"传"作"笺"的,有时也采取别家的解说;不过别家的解说在原则上也还和毛氏一鼻孔出气,他们都是以史证诗。他们接受了孔子"无邪"的见解,又摘取了孟子的"知人论世"[①]的见解,以为用孔子的诗的哲学,别裁古代的史说,拿来证明那些诗篇是什么时代作的,为什么事作的,便是孟子所谓"以意逆志"[②]。其实孟子所谓"以意逆志"倒是说要看全篇大意,不可拘泥在字句上,与他们不同。他们这样猜出来的作诗人的志,自然

---

①② 见《孟子·万章》。

不会与作诗人相合；但那种志倒是关联着政治教化而与"诗言志"一语相合的。这样的以史证诗的思想，最先具体的表现在《诗序》里。

《诗序》有"大序""小序"。"大序"好像总论，托名子夏，说不定是谁作的。"小序"每篇一条，大约是大小毛公作的。以史证诗，似乎是"小序"的专门任务；传里虽也偶然提及，却总以训诂为主，不过所选取的字义，意在助成序说，无形中有一定方向罢了。可是"小序"也还是泛说的多，确指的少。到了郑玄，才更详密的发展了这个条理。他按着《诗经》中的国别和篇次，系统的附合史料，编成了《诗谱》，差不多给每篇诗确定了时代；"笺"中也更多的发挥了作为各篇诗的背景的历史。以史证诗，在他手里算是集大成了。

"大序"说明诗的教化作用；这种作用似乎建立在风、雅、颂、赋、比、兴，所谓"六义"上。"大序"只解释了风雅颂。说风是风化（感化）、讽刺的意思，雅是正的意思，颂是形容盛德的意思。这都是按着教化作用解释的。照近人的研究，这三个字大概都从音乐得名。风是各地方的乐调，"国风"便是各国土乐的意思。雅就是"乌"字，似乎描写这种乐的呜呜之音。雅也就是"夏"字，古代乐章叫作"夏"的很多，也许原是地名或族名。雅又分"大雅""小雅"，大约也是乐调不同的缘故。颂就是"容"字，容就是"样子"；这种乐连歌带舞，舞就有种种样子了。风雅颂之外，其实还该有个"南"。南是南音或南调，《诗经》中《周南》《召南》的诗,原是相当于现在河南、湖北一带地方的歌谣。《国风》旧有十五,分出二"南",还剩十三;而其中邶、鄘两国的诗,现经考定,都是卫诗,那么只有十一"国风"①了。颂有"周颂""鲁颂""商颂","商颂"经考定实是"宋颂"。至于搜集的歌谣,大概是在二"南"、"国风"和"小雅"里。

　　赋比兴的意义,说数最多。大约这三个名字原都含有政治和教化的意味。赋本是唱诗给人听,但在"大序"里,也许是"直铺陈今之政教善恶"②的意思。比兴都是"大序"所谓"主文而谲谏";不直陈而用譬喻叫"主文",委婉讽刺叫"谲谏"。说的人无罪;听的人却可警诫自己。《诗经》里许多譬喻就在比兴的看法下,断章断句的硬派作政教的意义了。比兴都是政教的譬喻,但在诗篇发端的叫做兴。《毛传》只在有兴的地方标出,不标赋比;想来赋义是易见的,比兴虽都是曲折成义,但兴在发端,往往关系全诗,比较更重要些,所以便特别标出了。《毛传》标出的兴诗,共一百十六篇,"国风"中最多,"小雅"第二;按现在说,这两部分搜集的歌谣多,所以譬喻的句子也便多了。

[参考资料]

　　顾颉刚《诗经在春秋战国间的地位》(《古史辨》第三册下)。

---

① 卫、王、郑、齐、魏、唐、秦、陈、桧、曹、豳。
② 《周礼·大师》郑玄注。

顾颉刚《论诗经所录全为乐歌》(同上)。

朱自清《言志说》(《语言与文学》)。

朱自清《赋比兴说》(《清华学报》十二卷三期)。

"三礼"第五

许多人家的中堂里，供奉着"天地君亲师"的大牌位。天地代表生命的本源。亲是祖先的意思，祖先是家族的本源。君师是政教的本源。人情不能忘本，所以供奉着这些。荀子只称这些为礼的三本[①]；大概是到了后世才宗教化了的。荀子是儒家大师。儒家所称道的礼，包括政治制度，宗教仪式，社会风俗习惯等等，却都加以合理的说明。从那"三本说"，可以知道儒家有拿礼来包罗万象的野心，他们认礼为治乱的根本；这种思想可以叫作礼治主义。

怎样叫作礼治呢？儒家说初有人的时候，各人有各人的欲望，各人都要满足自己的欲望；没有界限，没有分际，大家就争起来了。你争我争，社会就乱起来了。那时的君师们看了这种情形，就渐渐给定出礼来，让大家按着贵贱的等级，长幼的次序，各人得着自己该得的一份儿吃的喝的穿的

---

① 《礼论篇》。

住的,各人也做着自己该做的一份儿工作。各等人有各等人的界限和分际;若是只顾自己,不管别人,任性儿贪多务得,偷懒图快活,这种人就得受严厉的制裁,有时候保不住性命。这种礼,教人节制,教人和平,建立起社会的秩序,可以说是政治制度。

天生万物,是个很古的信仰。这个天是个能视能听的上帝,管生杀,管赏罚。在地上的代表,便是天子。天子祭天,和子孙祭祖先一样。地生万物是个事实。人都靠着地里长的活着,地里长的不够了,便闹饥荒;地的力量自然也引起了信仰。天子诸侯祭社稷,祭山川,都是这个来由。最普遍的还是祖先的信仰。直到我们的时代,这个信仰还是很有力的。按儒家说,这些信仰都是"报本返始"①的意思。报本返始是庆幸生命的延续,追念本源,感恩怀德,勉力去报答的意思。但是这里面怕不单是怀德,还有畏威的成分。感谢和恐惧产生了种种祭典。儒家却只从感恩一面加以说明,看作礼的一部分。但这种礼教人恭敬,恭敬便是畏威的遗迹了。儒家的丧礼,最主要的如三年之丧,也建立在感恩的意味上;却因恩谊的亲疏,又定出等等差别来。这种礼,大部分可以说是宗教仪式。

居丧一面是宗教仪式,一面是普通人事。普通人事包括一切日常生活而言。日常生活都需要秩序和规矩。居丧以外,如婚姻、宴会等大事,也各有一套程序,不能随便马虎

---

① 《礼记·郊特牲》。

过去;这样是表示郑重,也便是表示敬意和诚心。至于对人,事君,事父母,待兄弟姊妹,待子女,以及夫妇朋友之间,也都自有一番道理。按着尊卑的分际,各守各的道理,君仁臣忠,父慈子孝,兄友弟恭,夫妇朋友互相敬爱,才算能做人;人人能做人,天下便治了。就是一个人饮食言动,也都该有个规矩,别叫旁人难过,更别侵犯着旁人,反正诸事都记得着自己的份儿。这些个规矩也是礼的一部分;有些固然含着宗教意味,但大部分可以说是风俗习惯。这些风俗习惯有一些也可以说是生活的艺术。

王道不外乎人情,礼是王道的一部分,按儒家说是通乎人情的。① 既通乎人情,自然该诚而不伪了。但儒家所称道的礼,并不全是实际施行的。有许多只是他们的理想,这种就不一定通乎人情了。就按那些实际施行的说,每一个制度、仪式或规矩,固然都有它的需要和意义。但是社会情形变了,人的生活跟着变;人的喜怒爱恶虽然还是喜怒爱恶,可是对象变了。那些礼的惰性却很大,并不跟着变。这就留下了许许多多遗形物,没有了需要,没有了意义;不近人情的伪礼,只会束缚人。《老子》里攻击礼,说"有了礼,忠信就差了"②;后世有些人攻击礼,说"礼不是为我们定的"③;近来大家攻击礼教,说"礼教是吃人的"。这都是指着那些个伪礼说的。

---

① 《礼记·乐记》。
② 《老子》三十八章。
③ 阮籍语,原文见《世说新语·任诞》。

从来礼乐并称,但乐实在是礼的一部分;乐附属于礼,用来补助仪文的不足。乐包括歌和舞,是"人情之所必不免"的①。不但是"人情之所必不免",而且乐声的绵延和融和也象征着天地万物的"流而不息,合同而化"②。这便是乐本。乐教人平心静气,互相和爱,教人联合起来,成为一整个儿。人人能够平心静气,互相和爱,自然没有贪欲、捣乱、欺诈等事,天下就治了。乐有改善人心、移风易俗的功用,所以与政治是相通的。按儒家说,礼乐刑政,到头来只是一个道理;这四件都顺理成章了,便是王道。这四件是互为因果的。礼坏乐崩,政治一定不成;所以审乐可以知政③。"治世之音安以乐,其政和;乱世之音怨以怒,其政乖;亡国之音哀以思,其民困。"④吴公子季札到鲁国观乐,乐工奏哪一国的乐,他就知道是哪一国的;他是从乐歌里所表现的政治气象而知道的⑤。歌词就是诗;诗与礼乐也是分不开的。孔子教学生要"兴于诗,立于礼,成于乐"⑥;那时要养成一个人才,必需学习这些。这些诗、礼、乐,在那时代都是贵族社会所专有,与平民是无干的。到了战国,新声兴起,古乐衰废,听者只求悦耳,就无所谓这一套乐意。汉以来胡乐大行,那就更说不到了。

古代似乎没有关于乐的经典,只有《礼记》里的《乐

---

① 《荀子·乐论篇》,《礼记·乐记》。
②③④ 《礼记·乐记》。
⑤ 《左传》襄公二十九年。
⑥ 《论语·泰伯》。

记》，是抄录儒家的《公孙尼子》等书而成，原本已经是战国时代的东西了。关于礼，汉代学者所传习的有三种经和无数的"记"。那三种经是《仪礼》《礼古经》《周礼》。《礼古经》已亡佚，《仪礼》和《周礼》相传都是周公作的。但据近来的研究，这两部书实在是战国时代的产物。《仪礼》大约是当时实施的礼制，但多半只是士的礼。那些礼是很繁琐的，踵事增华的多，表示诚意的少，已经不全是通乎人情的了。《仪礼》可以说是宗教仪式和风俗习惯的混合物；《周礼》却是一套理想的政治制度。那些制度的背景可以看出是战国时代；但组成了整齐的系统，便是著书人的理想了。

"记"是儒家杂述礼制、礼制变迁的历史，或礼论之作；所述的礼制有实施的，也有理想的。又叫作《礼记》：这《礼记》是一个广泛的名称。这些"记"里包含着《礼古经》的一部分。汉代所见的"记"很多，但流传到现在的只有三十八篇《大戴记》和四十九篇《小戴记》。后世所称《礼记》，多半专指《小戴记》说。大戴是戴德；小戴是戴圣，戴德的侄儿。相传他们是这两部书的编辑人。但二戴都是西汉的《仪礼》专家。汉代有"五经"博士；凡是一家一派的经学影响大的，都可以立博士。大戴仪礼学后来立了博士，小戴本人就是博士。汉代经师的家法最严，一家的学说里绝不能掺杂别家。但现存的两部"记"里都掺杂着非二戴的学说。所以有人说这两部书是别人假托二戴的名字纂辑的；至少是二戴原书多半亡佚，由别人拉杂凑成的，——可是成书也还在汉代。——这两部书里，《小戴记》容易些，后世诵习的人比较多些；所以差不多专占了《礼记》的名字。

[参考资料]

洪业《礼记引得序》《仪礼引得序》。

"春秋三传"第六(《国语》附)

"春秋"是古代记事史书的通称。古代朝廷大事,多在春秋二季举行,所以记事的书用这个名字。各国有各国的"春秋",但是后世都不传了。传下的只有一部《鲁春秋》,《春秋》成了它的专名,便是《春秋经》了。传说这部《春秋》是孔子作的,至少是他编的。鲁哀公十四年,鲁西有猎户打着一只从没有见过的独角怪兽,想着定是个不祥的东西,将它扔了。这个新闻传到了孔子那里,他便去看。他一看,就说:"这是麟啊。为谁来的呢!干什么来的呢!唉唉!我的道不行了!"说着流下泪来,赶忙将袖子去擦,泪点儿却已滴到衣襟上。原来麟是个仁兽,是个祥瑞的东西;圣帝明王在位,天下太平,它才会来,不然是不会来的。可是那时代哪有圣帝明王?天下正乱纷纷的,麟来的真不是时候,所以让猎户打死;它算是倒了运了。

孔子这时已经年老,也常常觉着生的不是时候,不能行道;他为周朝伤心,也为自己伤心。看了这只死麟,一面同情它,一面也引起自己的无限感慨。他觉着生平说了许多教;当世的人君总不信他,可见空话不能打动人。他发愿修一部《春秋》,要让人从具体的事例里,得到善恶的教训,他相信这样得来的教训比抽象的议论深切著明的多。他觉得修成了这部《春秋》,虽然不能行道,也算不白活一辈子。这便动起手来,九个月书就成功了。书起于鲁隐公,终于获麟;因获麟有感而作,所以叙到获麟绝笔,是纪念的意思。但是《左传》里所载的《春秋经》,获麟后还有,而且在记了"孔子卒"的哀公十六年后还有:据说那都是他的弟子们续修的了。

这个故事虽然够感伤的,但我们从种种方面知道,它却不是真的。《春秋》只是鲁国史官的旧文,孔子不曾掺进手去。《春秋》可是一部信史,里面所记的鲁国日食,有三十次和西方科学家所推算的相合,这决不是偶然的。不过书中残阙、零乱和后人增改的地方,都很不少。书起于隐公元年,到哀公十四年止,共二百四十二年(西元前七二二至前四八一);后世称这二百四十二年为春秋时代。书中纪事按年月日,这叫作编年。编年在史学上是个大发明;这教历史系统化,并增加了它的确实性。《春秋》是我国现存的第一部编年史。书中虽用鲁国纪元,所记的却是各国的事,所以也是我们第一部通史。所记的齐桓公、晋文公的霸迹最多;后来说"尊王攘夷"是《春秋》大义,便是从这里着眼。

古代史官记事,有两种目的:一是征实,二是劝惩。

像晋国董狐不怕权势,记"赵盾弑其君"①,齐国太史记"崔杼弑其君"②,虽杀身不悔,都为的是征实和惩恶,作后世的鉴戒。但是史文简略,劝惩的意思有时不容易看出来,因此便需要解说的人。《国语》记楚国申叔时论教太子的科目,有"春秋"一项,说"春秋"有奖善惩恶的作用,可以戒劝太子的心。孔子是第一个开门授徒,拿经典教给平民的人,《鲁春秋》也该是他的一种科目。关于劝惩的所在,他大约有许多口义传给弟子们。他死后,弟子们散在四方,就所能记忆的又教授开去。《左传》《公羊传》《穀梁传》,所谓"春秋三传"里,所引孔子解释和评论的话,大概就是指的这一些。

三传特别注重《春秋》的劝惩作用;征实与否,倒在其次。按三传的看法,《春秋》大义可以从两方面说:明辨是非,分别善恶,提倡德义,从成败里见教训,这是一;夸扬霸业,推尊周室,亲爱中国,排斥夷狄,实现民族大一统的理想,这是二。前者是人君的明鉴,后者是拨乱反正的程序。这都是王道。而敬天事鬼,也包括在王道里。《春秋》里记灾,表示天罚,记鬼,表示恩仇,也还是劝惩的意思。古代记事的书常夹杂着好多的迷信和理想,《春秋》也不免如此;三传的看法,大体上是对的。但在解释经文的时候,却往往一个字一个字地咬嚼;这一咬嚼,便不顾上下文穿凿傅会起

---

① 《左传》宣公二年。
② 《左传》襄公二十五年。

来了。《公羊》《穀梁》，尤其如此。

这样咬嚼出来的意义就是所谓"书法"，所谓"褒贬"，也就是所谓"微言"。后世最看重这个。他们说孔子修《春秋》，"笔则笔，削则削"①，"笔"是书，"削"是不书，都有大道理在内。又说一字之褒，比教你作王公还荣耀，一字之贬，比将你作罪人杀了还耻辱。本来孟子说过，"孔子成《春秋》而乱臣贼子惧"②，那似乎只指概括的劝惩作用而言。等到褒贬说发展，孟子这句话倒像更坐实了。而孔子和《春秋》的权威也就更大了。后世史家推尊孔子，也推尊《春秋》，承认这种书法是天经地义；但实际上他们却并不照三传所咬嚼出来的那么穿凿傅会地办。这正和后世诗人尽管推尊《毛诗》"传""笺"里比兴的解释，实际上却不那样穿凿傅会的作诗一样。三传，特别是《公羊传》和《穀梁传》，和《毛诗》"传""笺"，在穿凿解经这件事上是一致的。

三传之中，公羊、穀梁两家全以解经为主，左氏却以叙事为主。公、穀以解经为主，所以咬嚼得更利害些。战国末期，专门解释《春秋》的有许多家，公、穀较晚出而仅存。这两家固然有许多彼此相异之处，但渊源似乎是相同的；他们所引别家的解说也有些是一样的。这两种《春秋》经传经过秦火，多有残阙的地方；到汉景帝武帝时候，才有经师重加整理，传授给人。公羊、穀梁只是家派的名称，仅存姓氏，

---

① 《史记·孔子世家》。
② 《孟子·滕文公下》。

名字已不可知。至于他们解经的宗旨,已见上文;《春秋》本是儒家传授的经典,解说的人,自然也离不了儒家,在这一点上,三传是大同小异的。

《左传》这部书,汉代传为鲁国左丘明所作。这个左丘明,有的说是"鲁君子",有的说是孔子的朋友;后世又有说是鲁国的史官的。① 这部书历来讨论的最多。汉时有"五经"博士。凡解说"五经"自成一家之学的,都可立为博士。立了博士,便是官学;那派经师便可作官受禄。当时《春秋》立了公、穀二传的博士。《左传》流传得晚些,古文派经师也给它争立博士。今文派却说这部书不得孔子《春秋》的真传,不如公、穀两家。后来虽一度立了博士,可是不久还是废了。倒是民间传习的渐多,终于大行! 原来公、穀不免空谈,《左传》却是一部仅存的古代编年通史(残缺又少),用处自然大得多。《左传》以外,还有一部分国记载的《国语》,汉代也认为左丘明所作,称为《春秋外传》。后世学者怀疑这一说的很多。据近人的研究,《国语》重在"语",记事颇简略,大约出于另一著者的手,而为《左传》著者的重要史料之一。这书的说教,也不外尚德、尊天、敬神、爱民,和《左传》是很相近的。只不知著者是谁。其实《左传》著者我们也不知道。说是左丘明,但矛盾太多,不能教人相信。《左传》成书的时代大概在战国,比公、穀二传

---

① 《史记·十二诸侯年表序》说是"鲁君子",《汉书·刘歆传》说"亲见夫子","好恶与圣人同",杜预《春秋序》说是"身为国史"。

早些。

　　《左传》这部书大体依《春秋》而作;参考群籍,详述史事,征引孔子和别的"君子"解经评史的言论,吟味书法,自成一家言。但迷信卜筮,所记祸福的预言,几乎无不应验;这却大大违背了征实的精神,而和儒家的宗旨也不合了。晋范宁作《穀梁传序》说,"左氏艳而富,其失也巫";"艳"是文章美,"富"是材料多,"巫"是多叙鬼神,预言祸福。这是句公平话。注《左传》的,汉代就不少,但那些许多已散失;现存的只有晋杜预注,算是最古了。

　　杜预作《春秋序》,论到《左传》,说"其文缓,其旨远";"缓"是委婉,"远"是含蓄。这不但是好史笔,也是好文笔。所以《左传》不但是史学的权威,也是文学的权威。《左传》的文学本领,表现在记述辞令和描写战争上。春秋列国,盟会颇繁,使臣会说话不会说话,不但关系荣辱,并且关系利害,出入很大,所以极重辞令。《左传》所记当时君臣的话,从容委曲,意味深长。只是平心静气地说,紧要关头却不放松一步;真所谓恰到好处。这固然是当时风气如此,但不经《左传》著者的润饰工夫,也决不会那样在纸上活跃的。战争是个复杂的程序。叙得头头是道,已经不易,叙得有声有色,更难;这差不多全靠忙中有闲,透着优游不迫神儿,才成。这却正是《左传》著者所擅长的。

[参考资料]

　　洪业《春秋传引得序》。

"四书"第七

"四书五经"到现在还是我们口头上一句熟语。"五经"是《易》《书》《诗》《礼》《春秋》;"四书"按照普通的顺序是《大学》《中庸》《论语》《孟子》,前二者又简称《学》《庸》,后二者又简称《论》《孟》;有了简称,可见这些书是用得很熟的。本来呢,从前私塾里,学生入学,是从"四书"读起的。这是那些时代的小学教科书;而且是统一的标准的小学教科书,因为没有不用的。那时先生不讲解,只让学生背诵,不但得背正文,而且得背朱熹的小注。只要囫囵吞枣地念,囫囵吞枣地背;不懂不要紧,将来用得着,自然会懂的。怎么说将来用得着?那些时候行科举制度。科举是一种竞争的考试制度,考试的主要科目是八股文,题目都出在"四书"里,而且是朱注的"四书"里。科举分几级,考中的得着种种出身或资格,凭着这种资格可以建功立业,也可以升官发财;作好作歹,都得先弄个资格到手。科举几乎是当时读书人惟一的出路。每个学生都先读"四书",而且读的是朱注,便是这个缘故。

将朱注"四书"定为科举用书,是从元仁宗皇庆二年(西元一三一三)起的。规定这四种书,自然因为这些书本身重要,有人人必读的价值;规定朱注,也因为朱注发明书义比旧注好些,切用些。这四种书原来并不在一起,《学》《庸》都在《礼记》里,《论》《孟》是单行的。这些书原来只算是诸子书,朱子原来也只称为"四子";但《礼记》《论》《孟》在汉代都立过博士,已经都升到经里去了。后来唐代的"九经"里虽然只有《礼记》,宋代的"十三经"却又将《论》《孟》收了进去。① 《中庸》很早就被人单独注意,汉代已有关于《中庸》的著作,六朝时也有,可惜都不传了。② 关于《大学》的著作却直到司马光的《大学通义》才开始,这部书也不传了。这些著作并不曾教《学》《庸》普及,教《学》《庸》和《论》《孟》同样普及的是朱子的注,"四书"也是他编在一起的,"四书"的名字也因他而有。

但最初用力提倡这几种书的是程颢、程颐兄弟。他们说:"《大学》是孔门的遗书,是初学者入德的门径。只有从这部书里,还可以知道古人做学问的程序。从《论》《孟》里

---

① 九经:《易》、《书》、《诗》、三礼、《春秋》三传。十三经:《易》、《书》、《诗》、三礼、《春秋》三传、《论语》、《孝经》、《尔雅》、《孟子》。
② 《汉书·艺文志》有《中庸说》二篇,《隋书·经籍志》有戴颙《中庸传》二卷,梁武帝《中庸讲疏》一卷。

虽也可看出一些,但不如这部书的分明易晓。学者必须从这部书入手,才不会走错了路。"①这里没提到《中庸》。可是他们是很推尊《中庸》的。他们在另一处说:"'不偏'叫作'中','不易'叫作'庸';'中'是天下的正道,'庸'是天下的定理。《中庸》是孔门传授心法的书,是子思记下来传给孟子的。书中所述的人生哲理,意味深长;会读书的细加玩赏,自然能心领神悟终身受用不尽。"②这四种书到了朱子手里才打成一片。他接受二程的见解,加以系统的说明,四种书便贯串起来了。

他说,古来有小学大学。小学里教洒扫进退的规矩,和礼、乐、射、御、书、数,所谓"六艺"的。大学里教穷理、正心、修己、治人的道理。所教的都切于民生日用,都是实学。《大学》这部书便是古来大学里教学生的方法,规模大,节目详;而所谓"格物、致知、诚意、正心、修身、齐家、治国、平天下",是循序渐进的。程子说是"初学者入德的门径",就是为此。这部书里的道理,并不是为一时一事说的,是为天下后世说的。这是"垂世立教的大典"③,所以程子举为初学者的第一部书。《论》《孟》虽然也切实,却是"应机接物的微言"④,问的不是一个人,记的也不是一个人。浅深先后,次序既不分明,抑扬可否,用意也不一样,初学者领会较难。所以程子放在第二步。至于《中庸》,是孔门的心法,

---

① 原文见《大学章句》卷头。
②③ 原文见《中庸章句》卷头。
④ 朱子《大学或问》卷一。

初学者领会更难,程子所以另论。

但朱子的意思,有了《大学》的提纲挈领,便能领会《论》《孟》里精微的分别去处;融贯了《论》《孟》的旨趣,也便能领会《中庸》里的心法。人有人心和道心;人心是私欲,道心是天理。人该修养道心,克制人心,这是心法。朱子的意思,不领会《中庸》里的心法,是不能从大处着眼,读天下的书,论天下的事的。他所以将《中庸》放在第三步,和《大学》《论》《孟》合为"四书",作为初学者的基础教本。后来规定"四书"为科举用书,原也根据这番意思。不过朱子教人读"四书",为的成人,后来人读"四书",却重在猎取功名;这是不合于他提倡的本心的。至于顺序变为《学》《庸》《论》《孟》,那是书贾因为《学》《庸》篇页不多,合为一本的缘故;通行既久,居然约定俗成了。

《礼记》里的《大学》,本是一篇东西,朱子给分成经一章,传十章;传是解释经的。因为要使传合经,他又颠倒了原文的次序,并补上一段儿。他注《中庸》时,虽没有这样大的改变,可是所分的章节,也与郑玄注的不同。所以这两部书的注,称为《大学章句》《中庸章句》。《论》《孟》的注,却是融合各家而成,所以称为《论语集注》《孟子集注》。《大学》的经一章,朱子想着是曾子追述孔子的话;传十章,他相信是曾子的意思,由弟子们记下的。《中庸》的著者,朱子和程子一样,都接受《史记》的记载,认为是子思。[①] 但

---

① 《孔子世家》。

关于书名的解释，他修正了一些。他说，"中"除"不偏"外，还有"无过无不及"的意思；"庸"解作"不易"，不如解作"平常"的好。① 照近人的研究，《大学》的思想和文字，很有和荀子相同的地方，大概是荀子学派的著作。《中庸》，首尾和中段思想不一贯，从前就有人疑心。照近来的看法，这部书的中段也许是子思原著的一部分，发扬孔子的学说，如"时中""忠恕""知仁勇""五伦"等。首尾呢，怕是另一关于《中庸》的著作，经后人混合起来的；这里发扬的是孟子的天人相通的哲理，所谓"至诚""尽性"，都是的。著者大约是一个孟子学派。

《论语》是孔子弟子们记的。这部书不但显示一个伟大的人格——孔子，并且让读者学习许多做学问做人的节目：如"君子""仁""忠恕"，如"时习""阙疑""好古""隅反""择善""困学"等，都是可以终身应用的。《孟子》据说是孟子本人和弟子公孙丑、万章等共同编定的。书中说"仁"兼说"义"，分辨"义""利"甚严；而辩"性善"，教人求"放心"，影响更大。又说到"养浩然之气"，那"至大至刚""配义与道"的"浩然之气"，②这是修养的最高境界，所谓天人相通的哲理。书中攻击杨朱、墨翟两派，词锋咄咄逼人。这在儒家叫作攻异端，功劳是很大的。孟子生在战国时代，他不免"好辩"，他自己也觉得的；③他的话流露着

---

① 《中庸或问》卷一。
② 《公孙丑》。
③ 《滕文公》。

"英气","有圭角",和孔子的温润是不同的。所以儒家只称为"亚圣",次于孔子一等。①《孟子》有东汉的赵岐注。《论语》有孔安国、马融、郑玄诸家注,却都已残佚,只零星的见于魏何晏的《集解》里。汉儒注经,多以训诂名物为重;但《论》《孟》词意显明,所以只解释文句,推阐义理而止。魏晋以来,玄谈大盛,孔子已经道家化;解《论语》的也多参入玄谈,参入当时的道家哲学。这些后来却都不流行了。到了朱子,给《论》《孟》作注,虽说融会各家,其实也用他自己的哲学作架子。他注《学》《庸》,更显然如此。他的哲学切于世用,所以一般人接受了,将他解释的孔子当作真的孔子。

他那一套"四书"注实在用尽了平生的力量,改定至再至三;直到临死的时候,他还在改定《大学诚意章》的注。注以外又作了《四书或问》,发扬注义,并论述对于旧说的或取或舍的理由。他在"四书"上这样下工夫,一面固然为了诱导初学者,一面还有一个用意,便是排斥老、佛,建立道统。他在《中庸章句序》里论到诸圣道统的传承,末尾自谦说,"于道统之传,不敢妄议";其实他是隐隐在以传道统自期呢。《中庸》传授心法,正是道统的根本。将它加在《大学》《论》《孟》之后而成"四书",朱子自己虽然说是给初学者打基础,但一大半恐怕还是为了建立道统,不过他自己不好说出罢了。他注"四书"在宋孝宗

---

① 《孟子集注序说》引程子说。

淳熙年间(西元一一七四至一一八九)。他死后朝廷将他的"四书"注审定为官书,从此盛行起来。他果然成了传儒家道统的大师了。

《战国策》第八

春秋末年,列国大臣的势力渐渐膨胀起来。这些大臣都是世袭的,他们一代一代聚财养众,明争暗夺了君主的权力,建立起自己的特殊地位。等到机会成熟,便跳起来打倒君主自己干。那时候各国差不多都起了内乱。晋国让韩魏赵三家分了,姓姜的齐国也让姓田的大夫占了。这些,周天子只得承认了。这是封建制度崩坏的开始,那时候周室也经过了内乱,土地大半让邻国抢去,剩下的又分为东西周;东西周各有君王,彼此还争争吵吵的。这两位君王早已失去春秋时代"共主"的地位,而和列国诸侯相等了。后来列国纷纷称王,周室更不算回事;他们至多能和宋、鲁等小国君主等量齐观罢了。

秦楚两国也经过内乱,可是站住了。它们本是边远的国家,却渐渐伸张势力到中原来。内乱平后,大加整顿,努力图强,声威便更广了。还有极北的燕国,向来和中原国家少来往;这时候也有力量向南参加国际政治了。秦、楚、燕和新兴的韩、魏、赵、齐,是那时代的大国,称为"七雄"。那些小国呢,从前可以仰仗霸主的保护,作大国的附庸;现在可不成了,只好让人家吞的吞,并的并。算只留下宋、鲁等两三国,给七雄当缓冲地带。封建制度既然在崩坏中,七雄便各成一单位,各自争存,各自争强;国际政局比春秋时代紧张多了。战争也比从前严重多了。列国都在自己边界上修起长城来。这时候军器进步了;从前的兵器都用铜打成,现在有用铁打成的了。战术也进步了。攻守的方法都比从前精明;从前只用兵车和步卒,现在却发展了骑兵了。这时候还有以帮人家作战为职业的人。这时候的战争,杀伤是很多的。孟子说,"争地以战,杀人盈野;争城以战,杀人盈城"。① 可见那凶惨的情形。后人因此称这时代为战国时代。

在长期混乱之后,贵族有的做了国君,有的渐渐衰灭。这个阶级算是随着封建制度崩坏了。那时候的国君,没有了世袭的大臣,便集权专制起来。辅助他们的是一些出身贵贱不同的士人。那时候君主和大臣都竭力招揽有技能的人,甚至学鸡鸣学狗盗的也都收留着。这是所谓"好客""好士"的风气。其中最高的是说客,是游说之士。当时国际关系紧张,战争随时可起。战争到底是劳民伤财的,况且难得有把握;重要的还是外交的工夫。外交办得好,只凭口舌排难解纷,可以免去战祸;就是不

---

① 《离娄》。

得不战,也可以多找一些与国,一些帮手。担负这种外交的人,便是那些策士,那些游说之士。游说之士既然这般重要,所以立谈可以取卿相;只要有计谋,会辩说就成,出身的贵贱倒是不在乎的。

七雄中的秦,从孝公用商鞅变法以后,日渐强盛。到后来成了与六国对峙的局势。这时候的游说之士,有的劝六国联合起来抗秦,有的劝六国联合起来亲秦。前一派叫"合纵",是联合南北各国的意思,后一派叫"连横",是联合东西各国的意思——只有秦是西方的国家。合纵派的代表是苏秦,连横派的是张仪;他们可以代表所有的战国游说之士。后世提到游说的策士,总想到这两个人,提到纵横家,也总是想到这两个人。他们都是鬼谷先生的弟子。苏秦起初也是连横派。他游说秦惠王,秦惠王老不理他;穷得要死,只好回家。妻子,嫂嫂,父母,都瞧不起他。他恨极了,用心读书,用心揣摩;夜里倦了要睡,用锥子扎大腿,血流到脚上。这样整一年,他想着成了,便出来游说六国合纵。这回他果然成功了,佩了六国相印,又有势又有钱。打家里过的时候,父母郊迎三十里,妻子低头,嫂嫂趴在地下谢罪。他叹道:"人生世上,势位富贵,真是少不得的!"张仪和楚相喝酒,楚相丢了一块璧。手下人说张仪穷而无行,一定是他偷的,绑起来打了几百下。张仪始终不认,只好放了他。回家,他妻子说:"唉,要不是读书游说,哪会受这场气!"他不理,只说:"看我舌头还在罢?"妻子笑道:"舌头是在的。"他说:"那就成!"后来果然做了秦国的相;苏秦死后,他也大大得意了一番。

苏秦使锥子扎腿的时候,自己发狠道:"哪有游说人主不能得金玉锦绣,不能取卿相之尊的道理!"这正是战国策士的心思。他们凭他们的智谋和辩才,给人家画策,办外交;谁用他们就帮谁。他们是职业的,所图的是自己的功名富贵;帮你的时候帮你,不帮的时候也许害你。翻覆,在他们看来是没有什么的。本来呢,当时七雄分立,没有共主,没有盟主,各干各的,谁胜谁得势。国际间没有是非,爱帮谁就帮谁,反正都一样。苏秦说连横不成,就改说合纵,在策士看来,这正是当然。张仪说舌头在就行,说是说非,只要会说,这也正是职业的态度。他们自己没有理想,没有主张,只求揣摩主上的心理,拐弯儿抹角投其所好。这需要技巧;《韩非子·说难篇》专论这个。说得好固然可以取"金玉锦绣"和"卿相之尊",说得不好也会招杀身之祸,利害所关如此之大,苏秦费一整年研究揣摩不算多。当时各国所重的是威势,策士所说原不外战争和诈谋;但要因人因地进言,广博的知识和微妙的机智都是不可少的。

记载那些说辞的书叫《战国策》,是汉代刘向编定的,书名也是他提议的。但在他以前,汉初著名的说客蒯通,大约已经加以整理和润饰,所以各篇如出一手。《汉书》本传里记着他"论战国时说士权变,亦自序其说,凡八十一篇,号曰《隽永》",大约就是刘向所根据的底本了。[①]

[①] 罗根泽《战国策作于蒯通考》及《补证》(《古史辨》第四册)。

蒯通那枝笔是很有力量的。铺陈的伟丽,叱咤的雄豪,固然传达出来了;而那些曲折微妙的声口,也丝丝入扣,千载如生。读这部书,真是如闻其语,如见其人。汉以来批评这部书的都用儒家的眼光。刘向的序里说战国时代"捐礼让而贵战争,弃仁义而用诈谲,苟以取强而已矣",可以代表。但他又说这些是"高才秀士"的"奇策异智","亦可喜,皆可观"。这便是文辞的作用了。宋代有个李文叔,也说这部书所记载的事"浅陋不足道",但"人读之,则必乡其说之工,而忘其事之陋者,文辞之胜移之而已"。又道,说的还不算难,记的才真难得呢。① 这部书除文辞之胜外,所记的事,上接春秋时代,下至楚汉兴起为止,共二百零二年(西元前四〇三至前二〇二),也是一部重要的古史。所谓战国时代,便指这里的二百零二年;而战国的名称也是刘向在这部书的序里定出的。

[参考资料]

雷海宗《中国通史选读》第二册(清华大学讲义排印本)。

---

① 李格非《书〈战国策〉后》。

《史记》《汉书》第九

说起中国的史书,《史记》《汉书》,真是无人不知,无人不晓。这有两个原因。一则这两部书是最早的有系统的历史,再早虽然还有《尚书》《鲁春秋》《国语》《春秋左氏传》《战国策》等,但《尚书》《国语》《战国策》,都是记言的史,不是记事的史。《春秋》和《左传》是记事的史了,可是《春秋》太简短,《左氏传》虽够铺排的,而跟着《春秋》编年的系统,所记的事还不免散碎。《史记》创了"纪传体",叙事自黄帝以来到著者当世,就是汉武帝的时候,首尾三千多年。《汉书》采用了《史记》的体制,却以汉事为断,从高祖到王莽,只二百三十年。后来的史书全用《汉书》的体制,断代成书;二十四史里,《史记》《汉书》以外的二十二史都如此。这称为"正史"。《史记》《汉书》,可以说都是"正史"的源头。二则,这两部书都成了文学的古典;两书有许多相同处,虽然也有许多相异处。大概东汉、魏、晋到唐,喜欢《汉书》的多,唐以后喜欢《史记》的多,而明、清两代犹然。这是两书文体各有所胜的缘故。但历来班、马并称,《史》《汉》连举,它们叙事写人的技术,毕竟是大同的。

《史记》,汉司马迁著。司马迁字子长,左冯翊夏阳(今陕西韩城)人,景帝中元五年(西元前一四五)生,卒年不详。他是太史令司马谈的儿子。小时候在本乡只帮人家耕耕田放放牛玩儿。司马谈做了太史令,才将他带到京师(今西安)读书。他十岁的时候,便认识"古文"的书了。二十岁以后,到处游历,真是足迹遍天下。他东边到过现在的河北、山东及江、浙沿海,南边到过湖南、江西、云南、贵州,西边到过陕、甘、西康等处,北边到过长城等处;当时的"大汉帝国",除了朝鲜、河西(今宁夏一带)、岭南几个新开郡外,他都走到了。他的出游,相传是父亲命他搜求史料去的;但也有些处是因公去的。他搜得了多少写的史料,没有明文,不能知道。可是他却看到了好些古代的遗迹,听到了好些古代的轶闻;这些都是活史料,他用来印证并补充他所读的书。他作《史记》,叙述和描写往往特别亲切有味,便是为此。他的游历不但增扩了他的见闻,也增扩了他的胸襟;他能够综括三千多年的事,写成一部大书,而行文又极其抑扬变化之致,可见出他的胸襟是如何的阔大。

他二十几岁的时候,应试得高第,做了郎中。武帝元封元年(西元前一一〇),大行封禅典礼,步骑十八万,旌旗千余里。司马谈是史官,本该从行;但是病得很重,留在洛阳不能去。司马迁却跟去了。回来见父亲,父亲已经快死了,拉着他的手呜咽着道:"我们先人从虞夏以来,世代做史官；周末弃职他去，从此我家便衰微了。我虽然恢复了世传的职务，可是不成；你看这回封禅大典，我竟不能从行，真是命该如此！再说孔子因为眼见王道缺，礼乐衰，才整理文献，论《诗》《书》，作《春秋》，他的功绩是不朽的。孔子到现在又四百多年了，各国只管争战，史籍都散失了，这得搜求整理；汉朝一统天下，明主、贤君、忠臣、死义之士，也得记载表彰。我做了太史令，却没能尽职，无所论著，真是惶恐万分。你若能继承先业，再做太史令，成就我的未竟之志，扬名于后世，那就是大孝了。你想着我的话罢。"①司马迁听了父亲这番遗命，低头流泪答道："儿子虽然不肖，定当将你老人家所搜集的材料，小心整理起来，不敢有所遗失。"②司马谈便在这年死了；司马迁这年三十六岁。父亲的遗命指示了他一条伟大的路。

父亲死的第三年，司马迁果然做了太史令。他有机会看到许多史籍和别的藏书，便开始做整理的工夫。那时史料都集中在太史令手里，特别是汉代各地方行政报告，他那里都有。他一面整理史料，一面却忙着改历的工作；直到太初元年（西元前一〇四），太初历完成，才动手著他的书。天汉二年（西元前九九），李陵奉了贰师将军李广利的命，领了五千兵，出塞打匈奴。匈奴八万人围着他们；他们杀伤了匈奴一万多，可是自己的人也死了一大半。箭完了，又没吃的，耗了八天，等贰师将军派救兵。救兵竟没有影子。匈

---

①② 原文见《史记·自序》。

奴却派人来招降。李陵想着回去也没有脸,就降了。武帝听了这个消息,又急又气。朝廷里纷纷说李陵的坏话。武帝问司马迁,李陵到底是个怎样的人。李陵也做过郎中,和司马迁同过事,司马迁是知道他的。

他说李陵这个人秉性忠义,常想牺牲自己,报效国家。这回以少敌众,兵尽路穷,但还杀伤那么些人,功劳其实也不算小。他决不是怕死的人,他的降大概是假意的,也许在等机会给汉朝出力呢。武帝听了他的话,想着贰师将军是自己派的元帅,司马迁却将功劳归在投降的李陵身上,真是大不敬;便教将他抓起来,下在狱里。第二年,武帝杀了李陵全家,处司马迁宫刑。宫刑是个大辱,污及先人,见笑亲友。他灰心失望已极,只能发愤努力,在狱中专心致志写他的书,希图留个后世名。过了两年,武帝改元太始,大赦天下。他出了狱,不久却又做了宦者做的官,中书令,重被宠信。但他还继续写他的书。直到征和二年(西元前九一),全书才得完成,共一百三十篇,五十二万六千五百字。他死后,这部书部分的流传;到宣帝时,他的外孙杨恽才将全书献上朝廷去,并传写公行于世。汉人称为《太史公书》《太史公》《太史公记》《太史记》。魏晋间才简称为《史记》,《史记》便成了定名。这部书流传时颇有缺佚,经后人补续改窜了不少;只有元帝、成帝间褚少孙补的有主名,其余都不容易考了。

司马迁是窃比孔子的。孔子是在周末官守散失时代第一个保存文献的人;司马迁是秦火以后第一个保存文献的人。他们保存的方法不同,但是用心一样。《史记·自序》里记着司马迁和上大夫壶遂讨论作史的一番话。司马迁引述他的父亲称扬孔子整理"六经"的丰功伟业,而特别着重《春秋》的著作。他们父子都是相信孔子作《春秋》的。他又引董仲舒所述孔子的话:"我有种种觉民救世的理想,凭空发议论,恐怕人不理会;不如借历史上现成的事实来表现,可以深切著明些。"①这便是孔子作《春秋》的趣旨;他是要明王道,辨人事,分明是非善恶贤不肖,存亡继绝,补敝起废,作后世君臣龟鉴。《春秋》实在是礼义的大宗,司马迁相信礼治是胜于法治的。他相信《春秋》包罗万象,采善贬恶,并非以刺讥为主。像他父亲遗命所说的,汉兴以来,人主明圣盛德,和功臣、世家、贤大夫之业,是他父子职守所在,正该记载表彰。他的书记汉事较详,固然是史料多,也是他意主尊汉的缘故。他排斥暴秦,要将汉远承三代。这正和今文家说的《春秋》尊鲁一样,他的书实在是窃比《春秋》的。他虽自称只是"厥协《六经》异传,整齐百家杂语"②,述而不作,不敢与《春秋》比,那不过是谦词罢了。

他在《报任安书》里说他的书"欲以究天人之际,通古今之变,成一家之言"。《史记·自序》里说,"罔(网)罗天下放失旧闻,王迹所兴,原始察终,见盛观衰,论考之行事"。"王迹所兴",始终盛衰,便是"古今之变",也便是"天人之际"。"天人之际"只是天道对于人事的影响;这和

---

①② 原文见《史记·自序》。

所谓"始终盛衰"都是阴阳家言。阴阳家倡"五德终始说",以为金木水火土五行之德,互相克胜,终始运行,循环不息。当运者盛,王迹所兴;运去则衰。西汉此说大行,与"今文经学"合而为一。司马迁是请教过董仲舒的,董就是今文派的大师;他也许受了董的影响。"五德终始说"原是一种历史哲学;实际的教训只是让人君顺时修德。

《史记》虽然窃比《春秋》,却并不用那咬文嚼字的书法,只据事实录,使善恶自见。书里也有议论,那不过是著者牢骚之辞,与大体是无关的。原来司马迁自遭李陵之祸,更加努力著书。他觉得自己已经身废名裂,要发抒意中的郁结,只有这一条通路。他在《报任安书》和《史记·自序》里引了文王以下到韩非诸贤圣,都是发愤才著书的。他自己也是个发愤著书的人。天道的无常,世变的无常,引起了他的慨叹;他悲天悯人,发为牢骚抑扬之辞。这增加了他的书的情韵。后世论文的人推尊《史记》,一个原因便在这里。

班彪论前史得失,却说他"论议浅而不笃,其论术学,则崇黄老而薄五经,序货殖,则轻仁义而羞贫穷,论游侠,则贱守节而贵俗功",以为"大敝伤道";①班固也说他"是非颇谬于圣人"。② 其实推崇道家的是司马谈;司马迁时,儒学已成独尊之势,他也成了一个推崇的人了。至于《游侠》

---

① 《后汉书·班彪传》。
② 《汉书·司马迁传赞》。

《货殖》两传,确有他的身世之感。那时候有钱可以赎罪,他遭了李陵之祸,刑重家贫,不能自赎,所以才有"羞贫穷"的话;他在穷窘之中,交游竟没有一个抱不平来救他的,所以才有称扬游侠的话。这和《伯夷传》里天道无常的疑问,都只是偶一借题发挥,无关全书大旨。东汉王允死看"发愤"著书一语,加上咬文嚼字的成见,便说《史记》是"佞臣"的"谤书"①,那不但误解了《史记》,也太小看了司马迁。

《史记》体例有五:十二本纪,记帝王政迹,是编年的。十表,以分年略记世代为主。八书,记典章制度的沿革。三十世家,记侯国世代存亡。七十列传,类记各方面人物。史家称为"纪传体",因为"纪传"是最重要的部分。古史不是断片的杂记,便是顺按年月的纂录;自出机杼,创立规模,以驾驭去取各种史料的,从《史记》起始。司马迁的确能够贯穿经传,整齐百家杂语,成一家言。他明白"整齐"的必要,并知道怎样去"整齐":这实在是创作,是以述为作。他这样将自有文化以来三千年间君臣士庶的行事,"合一炉而冶之",却反映着秦汉大一统的局势。《春秋左氏传》虽也可算通史,但是规模完具的通史,还得推《史记》为第一部书。班固根据他父亲班彪的意见,说司马迁"善叙事理,辩而不华,质而不俚;其文直,其事核,不虚美,不隐恶,故谓之实录"。②"直"是"简省"的意思;简省而能明确,便见本

---

① 《后汉书·蔡邕传》。
② 《汉书·司马迁传赞》。

领。《史记》共一百三十篇,列传占了全书的过半数;司马迁的史观是以人物为中心的。他最长于描写;靠了他的笔,古代许多重要人物的面形,至今还活现在纸上。

《汉书》,汉班固著。班固,字孟坚,扶风安陵(今陕西咸阳)人,光武帝建武八年生,和帝永元四年卒(西元三二至九二),他家和司马氏一样,也是个世家;《汉书》是子继父业,也和司马迁差不多。但班固的凭藉,比司马迁好多了。他曾祖班斿,博学有才气,成帝时,和刘向同校皇家藏书。成帝赐了他全套藏书的副本,《史记》也在其中。当时书籍流传很少,得来不易;班家得了这批赐书,真像大图书馆似的。他家又有钱,能够招待客人。后来有好些学者,老远的跑到他家来看书;扬雄便是一个。班斿的次孙班彪,既有书看,又得接触许多学者;于是尽心儒术,成了一个史学家。《史记》以后,续作很多,但不是偏私,就是鄙俗;班彪加以整理补充,著了六十五篇《后传》。他详论《史记》的得失,大体确当不移。他的书似乎只有本纪和列传;世家是并在列传里。这部书没有流传下来,但他的儿子班固的《汉书》是用它作底本的。

班固生在河西;那时班彪避乱在那里。班固有弟班超,妹班昭,后来都有功于《汉书》。他五岁时随父亲到那时的京师洛阳。九岁时能作文章,读诗赋。大概是十六岁罢,他入了洛阳的太学,博览群书。他治学不专守一家;只重大义,不沾沾在章句上。又善作辞赋。为人宽和容众,不以才能骄人。在太学里读了七年书,二十三岁上,父亲死了,他回到安陵去。明帝永平元年(西元五八),他二十八岁,开始改撰父亲的书。他觉得《后传》不够详的,自己专心精究,想完成一部大书。过了三年,有人上书给明帝,告他私自改作旧史。当时天下新定,常有人假造预言,摇惑民心;私改旧史,更有机会造谣,罪名可以很大。

明帝当即诏令扶风郡逮捕班固,解到洛阳狱中,并调看他的稿子。他兄弟班超怕闹出大乱子,永平五年(西元六二),带了全家赶到洛阳;他上书给明帝,陈明原委,请求召见。明帝果然召见。他陈明班固不敢私改旧史,只是续父所作。那时扶风郡也已将班固稿子送呈。明帝却很赏识那稿子,便命班固做校书郎,兰台令史,跟别的几个人同修世祖(光武帝)本纪。班家这时候很穷,班超也做了一名书记,帮助哥哥养家。后来班固等又述诸功臣的事迹,作列传载记二十八篇奏上。这些后来都成了刘珍等所撰的《东观汉记》的一部分,与《汉书》是无关的。

明帝这时候才命班固续完前稿。永平七年(西元六四),班固三十三岁,在兰台重新写他的大著。兰台是皇家藏书之处,他取精用弘,比家中自然更好。次年,班超也做了兰台令史。虽然在官不久,就从军去了,但一定给班固帮助很多。章帝即位,好辞赋,更赏识班固了。他因此得常到宫中读书,往往连日带夜的读下去。大概在建初七年(西元八二),他的书才大致完成。那年他是五十一岁了。和帝永元元年(西元八九),车骑将军窦宪出征匈奴,用他做中护军，参议军机大事。这一回匈奴大败，逃得不知去向。窦宪在出塞三千多里外的燕然山上刻石纪功，教班固作铭。这是著名的大手笔。

次年他回到京师，就做窦宪的秘书。当时窦宪威势极盛；班固倒没有仗窦家的势欺压人，但他的儿子和奴仆却都无法无天的。这就得罪了许多地面上的官儿；他们都敢怒而不敢言。有一回他的奴子喝醉了，在街上骂了洛阳令种兢；种兢气恨极了，但也只能记在心里。永元四年（西元九二），窦宪阴谋弑和帝；事败，自杀。他的党羽，或诛死，或免官。班固先只免了官，种兢却饶不过他，逮捕了他，下在狱里。他已经六十一岁了，受不得那种苦，便在狱里死了。和帝得知，很觉可惜，特地下诏申斥种兢，命他将主办的官员抵罪。班固死后，《汉书》的稿子很散乱。他的妹子班昭也是高才博学，嫁给曹世叔，世叔早死，她的节行并为人所重。当时称为曹大家。这时候她奉诏整理哥哥的书；并有高才郎官十人，从她研究这部书——经学大师扶风马融，就在这十人里。书中的八表和天文志那时还未完成，她和马融的哥哥马续参考皇家藏书，将这些篇写定，这也是奉诏办的。

《汉书》的名称从《尚书》来，是班固定的。他说唐虞三代当时都有记载，颂述功德；汉朝却到了第六代才有司马迁的《史记》。而《史记》是通史，将汉朝皇帝的本纪放在尽后头，并且将尧的后裔的汉和秦、项放在相等的地位，这实在不足以推尊本朝。况《史记》只到武帝而止，也没有成段落似的。他所以断代述史,起于高祖,终于平帝时王莽之诛,共十二世,二百三十年,作纪、表、志、传凡百篇,称为《汉书》。① 班固著《汉书》,虽然根据父亲的评论,修正了《史记》的缺失,但断代的主张,却是他的创见。他这样一面保存了文献,一面贯彻了发扬本朝功德的趣旨。所以后来的正史都以他的书为范本,名称也多叫作"书"。他这个创见,影响是极大的。他的书所包举的,比《史记》更为广大;天地、鬼神、人事、政治、道德、艺术、文章,尽在其中。

书里没有世家一体,本于班彪《后传》。汉代封建制度,实际上已不存在;无所谓侯国,也就无所谓世家。这一体的并入列传,也是自然之势。至于改"书"为"志",只是避免与《汉书》的"书"字相重,无关得失。但增加了《艺文志》,叙述古代学术源流,记载皇家藏书目录,所关却就大了。《艺文志》的底本是刘歆的《七略》。刘向、刘歆父子都曾奉诏校读皇家藏书;他们开始分别源流,编订目录,②使那些"中秘书"渐得流传于世,功劳是很大的。他们的原著都已不存,但《艺文志》还保留着刘歆《七略》的大部分。这是后来目录学家的宝典。原来秦火之后,直到成帝时,书籍才渐渐出现;成帝诏求遗书于天下,这些书便多聚在皇家。刘氏父子所以能有那样大的贡献,班固所以想到在《汉书》

---

① 《汉书·叙传》。
② 刘向著有《别录》。

里增立《艺文志》,都是时代使然。司马迁便没有这样好运气。

《史记》成于一人之手,《汉书》成于四人之手。表、志由曹大家和马续补成;纪、传从昭帝至平帝有班彪的《后传》作底本。而从高祖至武帝,更多用《史记》的文字。这样一看,班固自己作的似乎太少。因此有人说他的书是"剽窃"而成①,算不得著作。但那时的著作权的观念还不甚分明,不以钞袭为嫌;而史书也不能凭虚别构。班固删润旧文,正是所谓"述而不作"。他删润的地方,却颇有别裁,决非率尔下笔。史书叙汉事,有阙略的,有隐晦的,经他润色,便变得详明;这是他的独到处。汉代"明主、贤君、忠臣、死义之士",他实在表彰得更为到家。书中收载别人整篇的文章甚多,有人因此说他是"浮华"之士。②这些文章大抵关系政治学术,多是经世有用之作。那时还没有文集,史书加以搜罗,不失保存文献之旨。至于收录辞赋,却是当时的风气和他个人的嗜好;不过从现在看来,这些也正是文学史料,不能抹煞的。

班、马优劣论起于王充《论衡》。他说班氏父子"文义浃备,纪事详赡",观者以为胜于《史记》。③ 王充论文,是主张"华实俱成"的。④ 汉代是个辞赋的时代,所谓"华",便是辞赋化。《史记》当时还用散行文字;到了《汉书》,便

---

①② 《通志·总序》。
③ 《超奇篇》,这里据《史通·鉴识》原注引,和通行本文字略异。
④ 《超奇篇》。

69

弘丽精整,多用排偶,句子也长了。这正是辞赋的影响。自此以后,直到唐代,一般文士,大多偏爱《汉书》,专门传习,《史记》的传习者却甚少。这反映着那时期崇尚骈文的风气。唐以后,散文渐成正统,大家才提倡起《史记》来;明归有光及清桐城派更力加推尊,《史记》差不多要驾乎《汉书》之上了。这种优劣论起于二书散整不同,质文各异;其实是跟着时代的好尚而转变的。

晋代张辅,独不好《汉书》。他说:"世人论司马迁班固才的优劣,多以固为胜,但是司马迁叙三千年事,只五十万言,班固叙二百年事,却有八十万言。烦省相差如此之远,班固哪里赶得上司马迁呢!"①刘知幾《史通》却以为"《史记》虽叙三千年事,详备的也只汉兴七十多年,前省后烦,未能折中;若教他作《汉书》,恐怕比班固还要烦些"。②刘知幾左袒班固,不无过甚其辞。平心而论,《汉书》确比《史记》繁些。《史记》是通史,虽然意在尊汉,不妨详近略远,但叙汉事到底不能太详;司马迁是知道"折中"的。《汉书》断代为书,尽可充分利用史料,尽其颂述功德的职分:载事既多,文字自然繁了,这是一。《汉书》载别人文字也比《史记》多,这是二。《汉书》文字趋向骈体,句子比散体长,这是三。这都是"事有必至,理有固然",不足为《汉书》病。范晔《后汉书·班固传赞》说班

---

① 原文见《晋书·张辅传》。
② 原文见《史通·杂说上》。

固叙事"不激诡,不抑抗,赡而不秽,详而有体,使读之者亹亹而不厌",这是不错的。

宋代郑樵在《通志·总序》里抨击班固,几乎说得他不值一钱。刘知幾论通史不如断代,以为通史年月悠长,史料亡佚太多,所可采录的大都陈陈相因,难得新异。《史记》已不免此失;后世仿作,贪多务得,又加上繁杂的毛病,简直教人懒得去看。① 按他的说法,像《鲁春秋》等,怕也只能算是截取一个时代的一段儿,相当于《史记》的叙述汉事;不是无首无尾,就是有首无尾。这都不如断代史的首尾一贯好。像《汉书》那样,所记的只是班固的近代,史料丰富,搜求不难。只需破费工夫,总可一新耳目,"使读之者亹亹而不厌"的。② 郑樵的意见恰相反。他注重会通,以为历史是联贯的,要明白因革损益的轨迹,非会通不可。通史好在能见其全,能见其大。他称赞《史记》,说是"《六经》之后,惟有此作"。他说班固断汉为书,古今间隔,因革不明,失了会通之道,真只算是片段罢了。③ 其实通古和断代,各有短长,刘、郑都不免一偏之见。

《史》《汉》可以说是各自成家。《史记》"文直而事核",《汉书》"文赡而事详"。④ 司马迁感慨多,微情妙旨,时在文字蹊径之外;《汉书》却一览之余,情词俱尽。但是

---

① ② 《史通·六家》。
③ 《通志·总序》。
④ 《后汉书·班固传赞》。

就史论史,班固也许比较客观些,比较合体些。明茅坤说"《汉书》以矩矱胜",①清章学诚说"班氏守绳墨","班氏体方用智"②,都是这个意思。晋傅玄评班固,"论国体则饰主阙而折忠臣,叙世教则贵取容而贱直节"。③ 这些只关识见高低,不见性情偏正,和司马迁《游侠》《货殖》两传蕴含着无穷的身世之痛的不能相比,所以还无碍其为客观的。总之,《史》《汉》二书,文质和繁省虽然各不相同,而所采者博,所择者精,却是一样;组织的弘大,描写的曲达,也同工异曲。二书并称良史,决不是偶然的。

[参考资料]

郑鹤声《史汉研究》《司马迁年谱》《班固年谱》。

---

① 《刻〈汉书评林〉叙》。
② 《文史通义·书教下》。
③ 《史通·书事》引。

诸子第十

春秋末年,封建制度开始崩坏,贵族的统治权,渐渐维持不住。社会上的阶级,有了紊乱的现象。到了战国,更看见农奴解放,商人抬头。这时候一切政治的社会的经济的制度,都起了根本的变化。大家平等自由,形成了一个大解放的时代。在这个大变动当中,一些才智之士对于当前的情势,有种种的看法,有种种的主张;他们都想收拾那动乱的局面,让它稳定下来。有些倾向于守旧的,便起来拥护旧文化、旧制度;向当世的君主和一般人申述他们拥护的理由,给旧文化、旧制度找出理论上的根据。也有些人起来批评或反对旧文化、旧制度;又有些人要修正那些。还有人要建立新文化、新制度来代替旧的;还有人压根儿反对一切文化和制度。这些人也都根据他们自己的见解各说各的,都"持之有故,言之成理"。这便是诸子之学,大部分可以称为哲学。这是一个思想解放的时代,也是一个思想发达的时代,在中国学术史里是稀有的。

诸子都出于职业的"士"。"士"本是封建制度里贵族的末一级；但到了春秋、战国之际，"士"成了有才能的人的通称。在贵族政治未崩坏的时候，所有的知识、礼、乐等等，都在贵族手里，平民是没份的。那时有知识技能的专家，都由贵族专养专用，都是在官的。到了贵族政治崩坏以后，贵族有的失了势，穷了，养不起自用的专家。这些专家失了业，流落到民间。便卖他们的知识技能为生。凡有权有钱的都可以临时雇用他们；他们起初还是伺候贵族的时候多，不过不限于一家贵族罢了。这样发展了一些自由职业；靠这些自由职业为生的，渐渐形成了一个特殊阶级，便是"士农工商"的"士"。这些"士"，这些专家，后来居然开门授徒起来。徒弟多了，声势就大了，地位也高了。他们除掉执行自己的职业之外，不免根据他们专门的知识技能，研究起当时的文化和制度来了。这就有了种种看法和主张。各"思以其道易天下"。① 诸子百家便是这样兴起的。

第一个开门授徒发扬光大那非农非工非商非官的"士"的阶级的，是孔子。孔子名丘，他家原是宋国的贵族，贫寒失势，才流落到鲁国去。他自己做了一个儒士；儒士是以教书和相礼为职业的，他却只是一个"老教书匠"。他的教书有一个特别的地方，就是"有教无类"。② 他大招学生，不问身家，只要缴相当的学费就收；收来的学生，一律教他

---

① 语见章学诚《文史通义·言公上》。
② 《论语·卫灵公》。

们读《诗》《书》等名贵的古籍,并教他们礼乐等功课。这些从前是只有贵族才能够享受的,孔子是第一个将学术民众化的人。他又带着学生,周游列国,说当世的君主;这也是从前没有的。他一个人开了讲学和游说的风气,是"士"阶级的老祖宗。他是旧文化、旧制度的辩护人,以这种姿态创始了所谓儒家。所谓旧文化、旧制度,主要的是西周的文化和制度,孔子相信是文王、周公创造的。继续文王、周公的事业,便是他给他自己的使命。他自己说,"述而不作,信而好古";①所述的,所信所好的,都是周代的文化和制度。《诗》《书》《礼》《乐》等是周文化的代表,所以他拿来作学生的必修科目。这些原是共同的遗产,但后来各家都讲自己的新学说,不讲这些;讲这些的始终只有"述而不作"的儒家。因此《诗》《书》《礼》《乐》等便成为儒家的专有品了。

孔子是个博学多能的人,他的讲学是多方面的。他讲学的目的在于养成"人",养成为国家服务的人,并不在于养成某一家的学者。他教学生读各种书,学各种功课之外,更注重人格的修养。他说为人要有真性情,要有同情心,能够推己及人,这所谓"直""仁""忠""恕";一面还得合乎礼,就是遵守社会的规范。凡事只问该做不该做,不必问有用无用;只重义,不计利。这样人才配去干政治,为国家服务。孔子的政治学说,是"正名主义"。他想着当时制度的

① 《论语·述而》。

崩坏，阶级的紊乱，都是名不正的缘故。君没有君道，臣没有臣道，父没有父道，子没有子道，实和名不能符合起来，天下自然乱了。救时之道，便是"君君，臣臣，父父，子子"①；正名定分，社会的秩序，封建的阶级便会恢复的。他是给封建制度找了一个理论的根据。这个正名主义，又是从《春秋》和古史官的种种书法归纳得来的。他所谓"述而不作"，其实是以述为作，就是理论化旧文化、旧制度，要将那些维持下去。他对于中国文化的贡献，便在这里。

孔子以后，儒家还出了两位大师，孟子和荀子。孟子名轲，邹人；荀子名况，赵人。这两位大师代表儒家的两派。他们也都拥护周代的文化和制度，但更进一步的加以理论化和理想化。孟子说人性是善的。人都有恻隐心、羞恶心、辞让心、是非心；这便是仁义礼智等善端，只要能够加以扩充，便成善人。这些善端，又总称为"不忍人之心"。圣王本于"不忍人之心"，发为"不忍人之政"，②便是"仁政""王政"。一切政治的经济的制度都是为民设的，君也是为民设的——这却已经不是封建制度的精神了。和王政相对的是霸政。霸主的种种制作设施，有时也似乎为民，其实不过是达到好名好利好尊荣的手段罢了。荀子说人性是恶的。性是生之本然，里面不但没有善端，还有争夺放纵等恶端。但是人有相当聪明才力，可以渐渐改善学好；积久了，习惯

---

① 《论语·颜渊》。
② 《孟子·公孙丑》。

自然,再加上专一的工夫,可以到圣人的地步。所以善是人为的。孟子反对功利,他却注重它。他论王霸的分别,也从功利着眼。孟子注重圣王的道德,他却注重圣王的威权。他说生民之初,纵欲相争,乱得一团糟;圣王建立社会国家,是为明分息争的。礼是社会的秩序和规范,作用便在明分;乐是调和情感的,作用便在息争。他这样从功利主义出发,给一切文化和制度找到了理论的根据。

儒士多半是上层社会的失业流民;儒家所拥护的制度,所讲所行的道德也是上层社会所讲所行的。还有原业农工的下层失业流民,却多半成为武士。武士是以帮人打仗为职业的专家。墨翟便出于武士。墨家的创始者墨翟,鲁国人,后来做到宋国的大夫,但出身大概是很微贱的。"墨"原是做苦工的犯人的意思,大概是个诨名;"翟"是名字。墨家本是贱者,也就不辞用那个诨名自称他们的学派。墨家是有团体组织的,他们的首领叫作"巨子";墨子大约就是第一任"巨子"。他们不但是打仗的专家,并且是制造战争器械的专家。

但墨家和别的武士不同,他们是有主义的。他们虽以帮人打仗为生,却反对侵略的打仗;他们只帮被侵略的弱小国家做防卫的工作。《墨子》里只讲守的器械和方法,攻的方面,特意不讲。这是他们的"非攻"主义。他们说天下大害,在于人的互争;天下人都该视人如己,互相帮助,不但利他,而且利己。这是"兼爱"主义。墨家注重功利,凡与国家人民有利的事物,才认为有价值。国家人民,利在富庶;

凡能使人民富庶的事物是有用的,别的都是无益或有害。他们是平民的代言人,所以反对贵族的周代的文化和制度。他们主张"节葬""短丧""节用""非乐",都和儒家相反。他们说他们是以节俭勤苦的夏禹为法的。他们又相信有上帝和鬼神,能够赏善罚恶;这也是下层社会的旧信仰。儒家和墨家其实都是守旧的;不过一个守原来上层社会的旧,一个守原来下层社会的旧罢了。

压根儿反对一切文化和制度的是道家。道家出于隐士。孔子一生曾遇到好些"避世"之士;他们着实讥评孔子。这些人都是有知识学问的。他们看见时世太乱,难以挽救,便消极起来,对于世事,取一种不闻不问的态度。他们讥评孔子"知其不可而为之"[1],费力不讨好;他们自己便是知其不可而不为的,独善其身的聪明人。后来有个杨朱,也是这一流人,他却将这种态度理论化了,建立"为我"的学说。他主张"全生保真,不以物累形"[2];将天下给他,换他小腿上一根汗毛,他是不干的。天下虽大,是外物;一根毛虽小,却是自己的一部分。所谓"真",便是自然。杨朱所说的只是教人因生命的自然,不加伤害;"避世"便是"全生保真"的路。不过世事变化无穷,避世未必就能避害,杨朱的教义到这里却穷了。老子、庄子的学说似乎便是从这里出发,加以扩充的。杨朱实在是道家的先锋。

---

[1] 《论语·宪问》。
[2] 《淮南子·泛论训》。

老子相传姓李名耳,楚国隐士。楚人是南方新兴的民族,受周文化的影响很少;他们往往有极新的思想。孔子遇到那些隐士,也都在楚国;这似乎不是偶然的。庄子名周,宋国人,他的思想却接近楚人。老学以为宇宙间事物的变化,都遵循一定的公律,在天然界如此,在人事界也如此。这叫作"常"。顺应这些公律,便不须避害,自然能避害。所以说,"知常曰明"。① 事物变化的最大公律是物极则反。处世接物,最好先从反面下手。"将欲禽之,必固张之;将欲弱之,必固强之;将欲废之,必固兴之;将欲夺之,必固与之。"②"大直若屈,大巧若拙,大辩若讷。"③这样以退为进,便不至于有什么冲突了。因为物极则反,所以社会上政治上种种制度,推行起来,结果往往和原来目的相反。"法令滋彰,盗贼多有。"④治天下本求有所作为,但这是费力不讨好的,不如排除一切制度,顺应自然,无为而为,不治而治。那就无不为,无不治了。自然就是"道",就是天地万物所以生的总原理。物得道而生,是道的具体表现。一物所以生的原理叫作"德","德"是"得"的意思。所以宇宙万物都是自然的。这是老学的根本思想;也是庄学的根本思想。但庄学比老学更进一步。他们主张绝对的自由,绝对的平等。天地万

---

① 《老子》十六章。
② 《老子》三十六章。
③ 《老子》四十五章。
④ 《老子》五十七章。

物,无时不在变化之中,不齐是自然的。一切但须顺其自然,所有的分别,所有的标准,都是不必要的。社会上政治上的制度,硬教不齐的齐起来,只徒然伤害人性罢了。所以圣人是要不得的;儒墨是"不知耻"的。① 按庄学说,凡天下之物都无不好,凡天下的意见,都无不对;无所谓物我,无所谓是非。甚至死和生也都是自然的变化,都是可喜的。明白这些个,便能与自然打成一片,成为"无入而不自得"的至人了。老庄两派,汉代总称为道家。

庄学排除是非,是当时"辩者"的影响。"辩者"汉代称为名家,出于讼师。辩者的一个首领郑国邓析,便是春秋末年著名的讼师。另一个首领梁相惠施,也是法律行家。邓析的本事在对于法令能够咬文嚼字的取巧,"以是为非,以非为是。"②语言文字往往是多义的;他能够分析语言文字的意义,利用来作种种不同甚至相反的解释。这样发展了辩者的学说。当时的辩者有惠施和公孙龙两派。惠施派说,世间各个体的物,各有许多性质;但这些性质,都因比较而显,所以不是绝对的。各物都有相同之处,也都有相异之处。从同的一方面看,可以说万物无不相同;从异的一方面看,可以说万物无不相异。同异都是相对的:这叫作"合同异"。③

公孙龙,赵人。他这一派不重个体而重根本,他说概念

---

① 《庄子·在宥》《天运》。
② 《吕氏春秋·审应览·离谓篇》。
③ 语见《庄子·秋水》。

有独立分离的存在。譬如一块坚而白的石头,看的时候只见白,没有坚;摸的时候只觉坚,不见白。所以白性与坚性两者是分离的。况且天下白的东西很多,坚的东西也很多,有白而不坚的,也有坚而不白的。也可见白性与坚性是分离的,白性使物白,坚性使物坚;这些虽然必须因具体的物而见,但实在有着独立的存在,不过是潜存罢了。这叫作"离坚白"。① 这种讨论与一般人感觉和常识相反,所以当时以为"怪说""琦辞","辩而无用"。② 但这种纯理论的兴趣,在哲学上是有它的价值的。至于辩者对于社会政治的主张,却近于墨家。

儒、墨、道各家有一个共通的态度,就是托古立言;他们都假托古圣贤之言以自重。孔子托于文王、周公,墨子托于禹,孟子托于尧舜,老、庄托于传说中尧、舜以前的人物;一个比一个古,一个压一个。不托古而变古的只有法家。法家出于"法术之士"[3],法术之士是以政治为职业的专家。贵族政治崩坏的结果,一方面是平民的解放,一方面是君主的集权。这时候国家的范围,一天一天扩大,社会的组织也一天一天复杂。人治、礼治,都不适用了。法术之士便创一种新的政治方法帮助当时的君主整理国政,做他们的参谋。这就是法治。当时现实政治和各方面的趋势是变古——尊君权、禁私学、重富豪。法术之士便拥护这种趋势,加以理

---

① 《庄子·秋水》。
② 《荀子·非十二子篇》。
③ 语见《韩非子·孤愤》。

论化。

他们中间有重势、重术、重法三派,而韩非子集其大成。他本是韩国的贵族,学于荀子。他采取荀学、老学和辩者的理论,创立他的一家言;他说势、术、法三者都是"帝王之具"①,缺一不可。势的表现是赏罚;赏罚严,才可以推行法和术。因为人性究竟是恶的。术是君主驾驭臣下的技巧。综核名实是一个例。譬如教人做某官,按那官的名位,该能做出某些成绩来;君主就可以照着去考核,看他名实能相副否。又如臣下有所建议,君主便叫他去做,看他能照所说的做到否。名实相副的赏;否则罚。法是规矩准绳,明主制下了法,庸主只要守着,也就可以治了。君主能够兼用法、术、势,就可以一驭万,以静制动,无为而治。诸子都讲政治,但都是非职业的,多偏于理想。只有法家的学说,从实际政治出来,切于实用。中国后来的政治,大部分是受法家的学说支配的。

古代贵族养着礼乐专家,也养着巫祝、术数专家。礼乐原来的最大的用处在丧、祭。丧、祭用礼乐专家,也用巫祝;这两种人是常在一处的同事。巫祝固然是迷信的;礼乐里原先也是有迷信成分的。礼乐专家后来沦为儒士;巫祝术数专家便沦为方士。他们关系极密切,所注意的事有些是相同的。汉代所称的阴阳家便出于方士。古代术数注意于所谓"天人之际",以为天道人事互相影响。战国末年有些

---

① 《韩非子·定法》。

人更将这种思想推行起来,并加以理论化,使它成为一贯的学说。这就是阴阳家。

当时阴阳家的首领是齐人驺衍。他研究"阴阳消息"①,创为"五德终始"说②。"五德"就是五行之德。五行是古代的信仰。驺衍以为五行是五种天然势力,所谓"德"。每一德,各有盛衰的循环。在它当运的时候,天道人事,都受它支配。等到它运尽而衰,为别一德所胜所克,别一德就继起当运。木胜土,金胜木,火胜金,水胜火,土胜水,这样"终始"不息。历史上的事变都是这些天然势力的表现。每一朝代,代表一德;朝代是常变的,不是一家一姓可以永保的。阴阳家也讲仁义名分,却是受儒家的影响。那时候儒家也在开始受他们的影响,讲《周易》,作《易传》。到了秦汉间,儒家更几乎与他们混合为一;西汉今文家的经学大部便建立在阴阳家的基础上。后来"古文经学"虽然扫除了一些"非常""可怪"之论③,但阴阳家的思想已深入人心,牢不可拔了。

战国末期,一般人渐渐感着统一思想的需要,秦相吕不韦便是作这种尝试的第一个人。他教许多门客合撰了一部《吕氏春秋》。现在所传的诸子书,大概都是汉人整理编定的;他们大概是将同一学派的各篇编辑起来,题为某子。所

---

① 《史记·孟子荀卿列传》。
② 《吕氏春秋·有始览·名类篇》及《文选》左思《魏都赋》李善注引《七略》。
③ 何休《春秋公羊经传解诂序》说《春秋》中"多非常异议可怪之论"。

以都不是有系统的著作。《吕氏春秋》却不然；它是第一部完整的书。吕不韦所以编这部书，就是想化零为整，集合众长，统一思想。他的基调却是道家。秦始皇统一天下，李斯为相，实行统一思想。他烧书，禁天下藏"《诗》《书》百家语"。① 但时机到底还未成熟，而秦不久也就亡了，李斯是失败了。所以汉初诸子学依然很盛。

到了汉武帝的时候，淮南王刘安仿效吕不韦的故智，教门客编了一部《淮南子》，也以道家为基调，也想来统一思想。但成功的不是他，是董仲舒。董仲舒向武帝建议："《六经》和孔子的学说以外，各家一概禁止。邪说息了，秩序才可统一，标准才可分明，人民才知道他们应走的路。"②武帝采纳了他的话。从此，帝王用功名利禄提倡他们所定的儒学，儒学统于一尊；春秋战国时代言论思想极端自由的空气便消灭了。这时候政治上既开了从来未有的大局面，社会和经济各方面的变动也渐渐凝成了新秩序，思想渐归于统一，也是自然的趋势。在这新秩序里，农民还占着大多数，宗法社会还保留着，旧时的礼教与制度一部分还可适用，不过民众化了罢了。另一方面，要创立政治上社会上各种新制度，也得参考旧的。这里便非用儒者不可了。儒者通晓以前的典籍，熟悉以前的制度，而又能够加以理想化、理论化，使那些东西秩然有序，粲然可观。别家虽也有政治

---

① 《史记·秦始皇本纪》。
② 原文见《汉书·董仲舒传》。

社会学说，却无具体的办法，就是有，也不完备，赶不上儒家；在这建设时代，自然不能和儒学争胜。儒学的独尊，也是当然的。

[参考资料]

冯友兰《中国哲学史》第一篇。

辞赋第十一

屈原是我国历史里永被纪念着的一个人。旧历五月五日端午节,相传便是他的忌日;他是投水死的,竞渡据说原来是表示救他的,粽子原来是祭他的。现在定五月五日为诗人节,也是为了纪念的缘故。他是个忠臣,而且是个缠绵悱恻的忠臣;他是个节士,而且是个浮游尘外、清白不污的节士。"举世皆浊而我独清,众人皆醉而我独醒"[①],他的身世是一出悲剧。可是他永生在我们的敬意尤其是我们的同情里。"原"是他的号,"平"是他的名字。他是楚国的贵族,怀王时候,做"左徒"的官。左徒好像现在的秘书。他很有学问,熟悉历史和政治,口才又好。一方面参赞国事,一方面给怀王见客,办外交,头头是道。怀王很信任他。

当时楚国有亲秦亲齐两派;屈原是亲齐派。秦国看见屈原得势,便派张仪买通了楚国的贵臣上官大夫、靳尚等,

---

① 《楚辞·渔父》。

在怀王面前说他的坏话。怀王果然被他们所惑,将屈原放逐到汉北去。张仪便劝怀王和齐国绝交,说秦国答应割地六百里。楚和齐绝了交,张仪却说答应的是六里。怀王大怒,便举兵伐秦,不料大败而归。这时候想起屈原来了,将他召回,教他出使齐国。亲齐派暂时抬头。但是亲秦派不久又得势。怀王终于让秦国骗了去,拘留着,就死在那里。这件事是楚人最痛心的,屈原更不用说了。可是怀王的儿子顷襄王,却还是听亲秦派的话,将他二次放逐到江南去。他流浪了九年,秦国的侵略一天紧似一天;他不忍亲见亡国的惨象,又想以一死来感悟顷襄王,便自沉在汨罗江里。

《楚辞》中《离骚》和《九章》的各篇,都是他放逐时候所作。《离骚》尤其是千古流传的杰构。这一篇大概是二次被放时作的。他感念怀王的信任,却恨他糊涂,让一群小人蒙蔽着,播弄着。而顷襄王又不能觉悟;以致国土日削,国势日危。他自己呢,"信而见疑,忠而被谤"[1],简直走投无路;满腔委屈,千端万绪的,没人可以诉说。终于只能告诉自己的一支笔,《离骚》便是这样写成的。"离骚"是"别愁"或"遭忧"的意思。[2] 他是个富于感情的人,那一腔遏抑不住的悲愤,随着他的笔奔迸出来,"东一句,西一句,天上一句,地下一句"[3],只是一片一段的,没有篇章可言。这和人在疲倦或苦痛的时候,叫"妈呀!""天哪!"一样;心里

---

[1] 《史记·屈原传》。
[2] 王逸《离骚经序》,班固《离骚赞序》。
[3] 刘熙载《艺概》中《赋概》。

乱极了，闷极了，叫叫透一口气，自然是顾不到什么组织的。

篇中陈说唐、虞、三代的治，桀、纣、羿、浇的乱，善恶因果，历历分明；用来讽刺当世，感悟君王。他又用了许多神话里的譬喻和动植物的譬喻，委曲地表达出他对于怀王的忠爱，对于贤人君子的向往，对于群小的深恶痛疾。他将怀王比作美人，他是"求之不得"，"辗转反侧"；情辞凄切，缠绵不已。他又将贤臣比作香草。"美人香草"从此便成为政治的譬喻，影响后来解诗作诗的人很大。汉淮南王刘安作《离骚传》说："'国风'好色而不淫，'小雅'怨诽而不乱，若《离骚》者可谓兼之矣。"①"好色而不淫"似乎就指美人香草用作政治的譬喻而言；"怨诽而不乱"是怨而不怒的意思。虽然我们相信"国风"的男女之辞并非政治的譬喻，但断章取义，淮南王的话却是《离骚》的确切评语。

《九章》的各篇原是分立的，大约汉人才合在一起，给了"九章"的名字。这里面有些是屈原初次被放时作的，有些是二次被放时作的。差不多都是"上以讽谏，下以自慰"②；引史事，用譬喻，也和《离骚》一样。《离骚》里记着屈原的世系和生辰，这几篇里也记着他放逐的时期和地域；这些都可以算是他的自叙传。他还作了《九歌》《天问》《远游》《招魂》等，却不能算自叙传，也"不皆是怨君"③；后世都说成怨君，便埋没了他的别一面的出世观了。他其实也

---

① 《史记·屈原传》。
② 王逸《楚辞章句序》。
③ 《朱子语类》一三九。

是一"子",也是一家之学。这可以说是神仙家,出于巫。《离骚》里说到周游上下四方,驾车的动物,驱使的役夫,都是神话里的。《远游》更全是说的周游上下四方的乐处。这种游仙的境界,便是神仙家的理想。

《远游》开篇说,"悲时俗之迫厄兮,愿轻举而远游",篇中又说,"临不死之旧乡"。人间世太狭窄了,也太短促了,人是太不自由自在了。神仙家要无穷大的空间,所以要周行无碍;要无穷久的时间,所以要长生不老。他们要打破现实的有限的世界,用幻想创出一个无限的世界来。在这无限的世界里,所有的都是神话里的人物;有些是美丽的,也有些是丑怪的。《九歌》里的神大都可爱;《招魂》里一半是上下四方的怪物,说得顶怕人的,可是一方面也奇诡可喜。因为注意空间的扩大,所以对于天地山川日月星辰,在在都有兴味。《天问》里许多关于天文地理的疑问,便是这样来的。一面惊奇天地之广大,一面也惊奇人事之诡异——善恶因果,往往有不相应的;《天问》里许多关于历史的疑问,便从这里着眼。这却又是他的入世观了。

要达到游仙的境界,须要"虚静以恬愉","无为而自得",还须导引养生的修炼功夫,这在《远游》里都说了。屈原受庄学的影响极大。这些都是庄学;周行无碍,长生不老,以及神话里的人物,也都是庄学。但庄学只到"我"与自然打成一片而止,并不想创造一个无限的世界;神仙家似乎比庄学更进了一步。神仙家也受阴阳家的影响;阴阳家原也讲天地广大,讲禽兽异物的。阴阳家是齐学。齐国滨海,多有怪诞的思想。屈原常常出使到那里,所以也沾了齐气。还有齐人好"隐"。"隐"是"遁词以隐意,谲譬以指事"①,是用一种滑稽的态度来讽谏。淳于髡可为代表。楚人也好"隐"。屈原是楚人,而他的思想又受齐国的影响,他爱用种种政治的譬喻,大约也不免沾点齐气。但是他不取滑稽的态度,他是用一副悲剧面孔说话的。《诗大序》所谓"谲谏",所谓"言之者无罪,闻之者足以戒",倒是合适的说明。至于像《招魂》里的铺张排比,也许是纵横家的风气。

《离骚》各篇多用"兮"字足句,句逗以参差不齐为主。"兮"字足句,三百篇中已经不少;句逗参差,也许是"南音"的发展。"南"本是南乐的名称;三百篇中的二南,本该与风、雅、颂分立为四。二南是楚诗,乐调虽已不能知道,但和风、雅、颂必有异处。从二南到《离骚》,现在只能看出句逗由短而长、由齐而畸的一个趋势;这中间变迁的轨迹,我们还能找到一些,总之,决不是突如其来的。这句逗的发展,大概多少有音乐的影响。从《汉书·王褒传》,可以知道楚辞的诵读是有特别的调子的②,这正是音乐的影响。屈原诸作奠定了这种体制,模拟的日渐其多。就中最出色的是宋玉,他作了《九辩》。宋玉传说是屈原的弟子;《九辩》的题材和体制都模拟《离骚》和《九章》,算是代屈原说话,不

---

① 《文心雕龙·谐隐篇》。
② 《汉书·王褒传》:"宣帝时征能为《楚辞》。九江被公召见诵读。"

过没有屈原那样激切罢了。宋玉自己可也加上一些新思想；他是第一个描写"悲秋"的人。还有个景差，据说是《大招》的作者；《大招》是模拟《招魂》的。

到了汉代，模拟《离骚》的更多，东方朔、王褒、刘向、王逸都走着宋玉的路。大概武帝时候最盛，以后就渐渐地差了。汉人称这种体制为"辞"，又称为"楚辞"。刘向将这些东西编辑起来，成为《楚辞》一书。东汉王逸给作注，并加进自己的拟作，叫作《楚辞章句》。北宋洪兴祖又作《楚辞补注》；《章句》和《补注》合为《楚辞》标准的注本。但汉人又称《离骚》等为"赋"。《史记·屈原传》说他"作《怀沙》之赋"；《怀沙》是《九章》之一，本无"赋"名。《传》尾又说，"宋玉、唐勒、景差之徒，皆好辞而以赋见称。"《汉书·艺文志》《诗赋略》列"屈原赋二十五篇"，就是《离骚》等。大概"辞"是后来的名字，专指屈、宋一类作品；赋虽从辞出，却是先起的名字，在未采用"辞"的名字以前，本包括"辞"而言。所以浑言称"赋"，称"辞赋"，分言称"辞"和"赋"。后世引述屈、宋诸家，只通称"楚辞"，没有单称"辞"的。但却有称"骚""骚体""骚赋"的，这自然是《离骚》的影响。

荀子的《赋篇》最早称"赋"。篇中分咏"礼""知""云""蚕""箴（针）"五件事物，像是谜语；其中颇有讽世的话，可以说是"隐"的支流余裔。荀子久居齐国的稷下，又在楚国做过县令，死在那里。他的好"隐"，也是自然的。《赋篇》总题分咏，自然和后来的赋不同，但是安排客主，问答成篇,却开了后来赋家的风气。荀赋和屈辞原来似乎各是各的;这两体的合一,也许是在贾谊手里。贾谊是荀卿的再传弟子,他的境遇却近于屈原,又久居屈原的故乡;很可能的,他模拟屈原的体制,却袭用了荀卿的"赋"的名字。这种赋日渐发展,屈原诸作也便被称为"赋";"辞"的名字许是后来因为拟作多了,才分化出来,作为此体的专称的。辞本是"辩解的言语"的意思,用来称屈、宋诸家所作,倒也并无不合之处。

《汉书·艺文志·诗赋略》分赋为四类。"杂赋"十二家是总集,可以不论。屈原以下二十家,是言情之作。陆贾以下二十一家,已佚,大概近于纵横家言。就中"陆贾赋三篇",在贾谊之先;但作品既不可见,是他自题为赋,还是后人追题,不能知道,只好存疑了。荀卿以下二十五家,大概是叙物明理之作。这三类里,贾谊以后各家,多少免不了屈原的影响,但已渐有散文化的趋势;第一类中的司马相如便是创始的人。——托为屈原作的《卜居》《渔父》,通篇散文化,只有几处用韵,似乎是《庄子》和荀赋的混合体制,又当别论。——散文化更容易铺张些。"赋"本是"铺"的意思,铺张倒是本来面目。可是铺张的作用原在讽谏;这时候却为铺张而铺张。所谓"劝百而讽一"[①]。当时汉武帝好辞赋,作者极众,争相竞胜,所以致此。扬雄说,"诗人之赋丽

---

① 《汉书·司马相如传赞》引扬雄语。

以则,辞人之赋丽以淫"①;"诗人之赋"便是前者,"辞人之赋"便是后者。甚至有诙谐嫚戏,毫无主旨的。难怪辞赋家会被人鄙视为倡优了。

东汉以来,班固作《两都赋》,"概众人之所眩曜,折以今之法度"②;张衡仿他作《二京赋》。晋左思又仿作《三都赋》。这种赋铺叙历史地理,近于后世的类书;是陆贾、荀卿两派的混合,是散文的更进一步。这和屈、贾言情之作却迥不相同了。此后赋体渐渐缩短,字句却整炼起来。那时期一般诗文都趋向排偶化,赋先是领着走,后来是跟着走;作赋专重写景述情,务求精巧,不再用来讽谏。这种赋发展到齐、梁、唐初为极盛,称为"俳体"的赋。③ "俳"是游戏的意思,对讽谏而言;其实这种作品倒也并非滑稽嫚戏之作。唐代古文运动起来,宋代加以发挥光大,诗文不再重排偶而趋向散文化,赋体也变了。像欧阳修的《秋声赋》,苏轼的前后《赤壁赋》,虽然有韵而全篇散行,排偶极少,比《卜居》《渔父》更其散文的。这称为"文体"的赋。④ 唐宋两代,以诗赋取士,规定程式。那种赋定为八韵,调平仄,讲对仗;制题新巧,限韵险难。这只是一种技艺罢了。这称为"律赋"。对"律赋"而言,"俳体"和"文体"的赋都是"古赋";这"古赋"的名字和"古文"的名字差不多,真正"古"的如

---

① 《法言·吾子篇》。
② 《两都赋序》。
③ "俳体"的名称,见元祝尧《古赋辨体》。
④ "文体"的名称,见元祝尧《古赋辨体》。

屈宋的辞,汉人的赋,倒是不包括在内的。赋似乎是我国特有的体制;虽然有韵,而就它全部的发展看,却与文近些,不算是诗。

[参考资料]

游国恩《读骚论微初集》。

诗第十二

汉武帝立乐府,采集代、赵、秦、楚的歌谣和乐谱;教李延年作协律都尉,负责整理那些歌辞和谱子,以备传习唱奏。当时乐府里养着各地的乐工好几百人,大约便是演奏这些乐歌的。歌谣采来以后,他们先审查一下。没有谱子的,便给制谱;有谱子的,也得看看合适不合适,不合适的地方,便给改动一些。这就是"协律"的工作。歌谣的"本辞"合乐时,有的保存原来的样子,有的删节,有的加进些复沓的甚至不相干的章句。"协律"以乐为主,只要合调;歌辞通不通,他们是不大在乎的。他们有时还在歌辞里夹进些泛声;"辞"写大字,"声"写小字。但流传久了,声辞混杂起来,后世便不容易看懂了。这种种乐歌,后来称为"乐府诗",简称就叫"乐府"。北宋太原郭茂倩收集汉乐府以下历代合乐的和不合乐的歌谣,以及模拟之作,成为一书,题作《乐府诗集》;他所谓"乐府诗",范围是很广的。就中汉乐府,沈约《宋书·乐志》特称为"古辞"。

汉乐府的声调和当时称为"雅乐"的三百篇不同,所采取的是新调子。这种新调子有两种:"楚声"和"新声"。屈原的辞可为楚声的代表。汉高祖是楚人,喜欢楚声;楚声比雅乐好听。一般人不用说也是喜欢楚声的。楚声便成了风气。武帝时乐府所采的歌谣,楚以外虽然还有代、赵、秦各地的,但声调也许差不很多。那时却又输入了新声;新声出于西域和北狄的军歌。李延年多多采取这种调子唱奏歌谣,从此大行,楚声便让压下去了。楚声的句调比较雅乐参差得多,新声的更比楚声参差得多。可是楚声里也有整齐的五言,楚调曲里各篇更全然如此,像著名的《白头吟》《梁甫吟》《怨歌行》都是的。[①]这就是五言诗的源头。

汉乐府以叙事为主。所叙的社会故事和风俗最多,历史及游仙的故事也占一部分。此外便是男女相思和离别之作,格言式的教训,人生的慨叹等等。这些都是一般人所喜欢的题材。用一般人所喜欢的调子,歌咏一般人所喜欢的题材,自然可以风靡一世。哀帝即位,却以为这些都是不正经的乐歌;他废了乐府,裁了多一半乐工——共四百四十一人——大概都是唱奏各地乐歌的。当时颇想恢复雅乐,但没人懂得,只好罢了。不过一般人还是爱好那些乐歌。这风气直到汉末不变。东汉时候,这些乐歌已经普遍化,文人仿作的渐多;就中也有仿作整齐的五言的,像班固《咏史》。

---

① 以上参用朱希祖《汉三大乐府调辨》(《清华学报》四卷二期)说。

但这种五言的拟作极少;而班固那一首也未成熟,锺嵘在《诗品序》里评为"质木无文",是不错的。直到汉末,一般文体都走向整炼一路,试验这五言体的便多起来;而最高的成就是《文选》所录的《古诗十九首》。

旧传最早的五言诗,是《古诗十九首》和苏武、李陵诗;说"十九首"里有七首是枚乘作的,和苏李诗都出现于汉武帝时代。但据近来的研究,这十九首古诗实在都是汉末的作品;苏李诗虽题了苏李的名字,却不合于他们的事迹,从风格上看,大约也和"十九首"出现在差不多的时候。这十九首古诗并非一人之作,也非一时之作,但都模拟言情的乐府。歌咏的多是相思离别,以及人生无常当及时行乐的意思;也有对于邪臣当道、贤人放逐、朋友富贵相忘、知音难得等事的慨叹。这些都算是普遍的题材;但后一类是所谓"失志"之作,自然兼受了《楚辞》的影响。锺嵘评古诗,"可谓几乎一字千金";因为所咏的几乎是人人心中所要说的,却不是人人口中笔下所能说的,而又能够那样平平说出,曲曲说出,所以是好。"十九首"只像对朋友说家常话,并不在字面上用功夫,而自然达意,委婉尽情,合于所谓"温柔敦厚"的诗教。[①] 到唐为止,这是五言诗的标准。

汉献帝建安年间(西元一九六至二一九),文学极盛,曹操和他的儿子曹丕、曹植两兄弟是文坛的主持人;而曹植更是个大诗家。这时乐府声调已多失传,他们却用乐府旧

---

① "诗教"见《礼记·经解》。

题,改作新词;曹丕、曹植兄弟尤其努力在五言体上。他们一班人也作独立的五言诗。叙游宴,述恩荣,开后来应酬一派。但只求明白诚恳,还是歌谣本色。就中曹植在曹丕做了皇帝之后,颇受猜忌,忧患的情感,时时流露在他的作品里。诗中有了"我",所以独成大家。这时候五言作者既多,开始有了工拙的评论;曹丕说刘桢"五言诗之善者,妙绝时人"①,便是例子。但真正奠定了五言诗的基础的是魏代的阮籍,他是第一个用全力作五言诗的人。

阮籍是老庄和屈原的信徒。他生在魏晋交替的时代,眼见司马氏三代专权,欺负曹家,压迫名士,一肚皮牢骚只得发泄在酒和诗里。他作了《咏怀诗》八十多首,述神话,引史事,叙艳情,托于鸟兽草木之名,主旨不外说富贵不能常保,祸患随时可至,年岁有限,一般人钻在利禄的圈子里,不知放怀远大,真是可怜之极。他的诗充满了这种悲悯的情感,"忧思独伤心"②一句可以表见。这里《楚辞》的影响很大;锺嵘说他"源出于《小雅》",似乎是皮相之谈。本来五言诗自始就脱不了《楚辞》的影响,不过他尤其如此。他还没有用心琢句;但语既浑括,譬喻又多,旨趣更往往难详。这许是当时的不得已,却因此增加了五言诗文人化的程度。他是这样扩大了诗的范围,正式成立了抒情的五言诗。

---

① 《与吴质书》。
② 《咏怀》第一首。

晋代诗渐渐排偶化、典故化。就中左思的《咏史诗》，郭璞的《游仙诗》，也取法《楚辞》，借古人及神仙抒写自己的怀抱，为后世所宗。郭璞是东晋初的人。跟着就流行了一派玄言诗。孙绰、许询是领袖。他们作诗，只是融化老庄的文句，抽象说理，所以锺嵘说像"道德论"。① 这种诗千篇一律，没有"我"；《兰亭集诗》各人所作四言五言各一首，都是一个味儿，正是好例。但在这种影响下，却孕育了陶渊明和谢灵运两个大诗人。陶渊明，浔阳柴桑人，做了几回小官，觉得做官不自由，终于回到田园，躬耕自活。他也是老、庄的信徒，从躬耕里领略到自然的恬美和人生的道理。他是第一个人将田园生活描写在诗里。他的躬耕免祸的哲学也许不是新的，可都是他从真实生活里体验得来的，与口头的玄理不同，所以亲切有味。诗也不妨说理，但须有理趣，他的诗能够做到这一步。他作诗也只求明白诚恳，不排不典；他的诗是散文化的。这违反了当时的趋势，所以《诗品》只将他放在中品里。但他后来确成了千古"隐逸诗人之宗"②。

谢灵运，宋时做到临川太守。他是有政治野心的，可是不得志。他不但是老、庄的信徒，也是佛的信徒。他最爱游山玩水，常常领了一群人到处探奇访胜；他的自然的哲学和出世的哲学教他沉溺在山水的清幽里。他是第一个在诗里

---

① 《诗品序》。
② 《诗品》论陶语。

用全力刻画山水的人；他也可以说是第一个用全力雕琢字句的人。他用排偶，用典故，却能创造新鲜的句子；不过描写有时不免太繁重罢了。他在赏玩山水的时候，也常悟到一些隐遁的超旷的人生哲理；但写到诗里，不能和那精巧的描写打成一片，像硬装进去似的。这便不如陶渊明的理趣足，但比那些"道德论"自然高妙得多。陶诗教给人怎样赏味田园，谢诗教给人怎样赏味山水；他们都是发现自然的诗人。陶是写意，谢是工笔。谢诗从制题到造句，无一不是工笔。他开了后世诗人着意描写的路子；他所以成为大家，一半也在这里。

齐武帝永明年间（西元四八三至四九三），"声律说"大盛。四声的分别，平仄的性质，双声叠韵的作用，都有人指出，让诗文作家注意。从前只着重句末的韵，这时更着重句中的"和"；"和"就是念起来顺口，听起来顺耳。从此诗文都力求谐调，远于语言的自然。这时的诗，一面讲究用典，一面讲究声律，不免有侧重技巧的毛病。到了梁简文帝，又加新变，专咏艳情，称为"宫体"，诗的境界更狭窄了。这种形式与题材的新变，一直影响到唐初的诗。这时候七言的乐歌渐渐发展。汉魏文士仿作乐府，已经有七言的，但只零星偶见，后来舞曲里常有七言之作。到了宋代，鲍照有《行路难》十八首，人生的感慨颇多，和舞曲描写声容的不一样，影响唐代的李白、杜甫很大。但是梁以来七言的发展，却还跟着舞曲的路子。不跟着鲍照的路子，这些都是宫体的谐调。

唐代谐调发展,成立了律诗绝句,称为近体;不是谐调的诗,称为古体;又成立了古近体的七言诗。古体的五言诗也变了格调。这些都是划时代的。初唐时候,大体上还继续着南朝的风气,辗转在艳情的圈子里。但是就在这时候,沈佺期、宋之问奠定了律诗的体制。南朝论声律,只就一联两句说;沈宋却能看出谐调有四种句式。两联四句才是谐调的单位,可以称为周期。这单位后来写成"仄仄平平仄　平平仄仄平　平平平仄仄　仄仄仄平平"的谱。沈宋在一首诗里用两个周期,就是重叠一次;这样,声调便谐和富厚,又不致单调。这就是八句的律诗。律有"声律""法律"两义。律诗体制短小,组织必须经济,才能发挥它的效力;"法律"便是这个意思。但沈宋的成就只在声律上,"法律"上的进展,还等待后来的作家。

宫体诗渐渐有人觉得腻味了;陈子昂、李白等说这种诗颓靡浅薄,没有价值。他们不但否定了当时古体诗的题材,也否定了那些诗的形式。他们的五言古体,模拟阮籍的《咏怀》,但是失败了。一般作家却只大量的仿作七言的乐府歌行,带着多少的排偶与谐调。——当时往往就这种歌行里截取谐调的四句入乐奏唱——可是李白更撇开了排偶和谐调,作他的七言乐府。李白,蜀人,明皇时作供奉翰林;触犯了杨贵妃,不能得志。他是个放浪不羁的人,便辞了职,游山水,喝酒,作诗。他的乐府很多,取材很广;他是借着乐府旧题来抒写自己生活的。他的生活态度是出世的;他作诗也全任自然。人家称他为"天上谪仙人"①；这说明了他的人和他的诗。他的歌行增进了七言诗的价值；但他的绝句更代表着新制。绝句是五言或七言的四句，大多数是谐调。南北朝民歌中，五言四句的谐调最多，影响了唐人；南朝乐府里也有七言四句的，但不太多。李白和别的诗家纷纷制作，大约因为当时输入的西域乐调宜于这体制，作来可供宫廷及贵人家奏唱。绝句最短小，贵含蓄，忌说尽。李白所作，自然而不觉费力，并且暗示着超远的境界；他给这新体诗立下了一个标准。

但是真正继往开来的诗人是杜甫。他是河南巩县人。安禄山陷长安，肃宗在灵武即位，他从长安逃到灵武，做了"左拾遗"的官，因为谏救房琯，被放了出去。那时很乱，又是荒年，他辗转流落到成都，依靠故人严武，做到"检校工部员外郎"，所以后来称为杜工部。他在蜀中住了很久。严武死后，他避难到湖南，就死在那里。他是儒家的信徒；"致君尧舜上，再使风俗淳"是他的素志。② 又身经乱离，亲见了民间疾苦。他的诗努力描写当时的情形，发抒自己的感想。唐代以诗取士，诗原是应试的玩意儿；诗又是供给乐工歌妓唱了去伺候宫廷及贵人的玩意儿。李白用来抒写自己的生活，杜甫用来抒写那个大时代，诗的领域扩大了，价值也增高了。而杜甫写"民间的实在痛苦，社会的实在问题，国家的实在状况，人生的实在希望与恐惧"③，更给诗开

---

① 原是贺知章语，见《旧唐书·李白传》。
② 杜甫《奉赠韦左丞丈二十二韵》。
③ 胡适《白话文学史》。

辟了新世界。

他不大仿作乐府,可是他描写社会生活正是乐府的精神;他的写实的态度也是从乐府来的。他常在诗里发议论,并且引证经史百家;但这些议论和典故都是通过了他的满腔热情奔进出来的,所以还是诗。他这样将诗历史化和散文化;他这样给诗创造了新语言。古体的七言诗到他手里正式成立;古体的五言诗到他手里变了格调。从此"温柔敦厚"之外,又开了"沉着痛快"一派。① 五言律诗,王维、孟浩然已经不用来写艳情而用来写山水;杜甫却更用来表现广大的实在的人生。他的七言律诗,也是如此。他作律诗很用心在组织上。他的五言律诗最多,差不多穷尽了这体制的变化。他的绝句直述胸怀,嫌没有余味;但那些描写片段的生活印象的,却也不缺少暗示的力量。他也能欣赏自然,晚年所作,颇有清新的刻画的句子。他又是个有谐趣的人,他的诗往往透着滑稽的风味。但这种滑稽的风味和他的严肃的态度调和得那样恰到好处,一点也不至于减损他和他的诗的身份。

杜甫的影响直贯到两宋时代;没有一个诗人不直接间接学他的,没有一个诗人不发扬光大他的。古文家韩愈,跟着他将诗进一步散文化;而又造奇喻,押险韵,铺张描写,像汉赋似的。他的诗逞才使气,不怕说尽,是"沉着痛快"的

---

① 《沧浪诗话》说诗的"大概有二:曰优游不迫,曰沉着痛快"。"优游不迫"就是"温柔敦厚"。

诗。后来有元稹、白居易二人在政治上都升沉了一番；他们却继承杜甫写实的表现人生的态度。他们开始将这种态度理论化；主张诗要"上以补察时政，下以泄导人情"，"嘲风雪，弄花草"是没有意义的。① 他们反对雕琢字句，主张诚实自然。他们将自己的诗分为"讽谕"的和"非讽谕"的两类。他们的诗却容易懂，又能道出人人心中的话，所以雅俗共赏，一时风行。当时最流传的是他们新创的谐调的七言叙事诗，所谓"长庆体"的，还有社会问题诗。

晚唐诗向来推李商隐、杜牧为大家。李一生辗转在党争的影响中。他和温庭筠并称；他们的诗又走回艳情一路。他们集中力量在律诗上，用典精巧，对偶整切。但李学杜韩，器局较大；他的艳情诗有些实在是政治的譬喻，实在是感时伤事之作。所以地位在温之上。杜牧做了些小官儿，放荡不羁，而很负盛名，人家称为"小杜"——"老杜"是杜甫。他的诗词采华艳，却富有纵横气，又和温李不同。然而都可以归为绮丽一派。这时候别的诗家也集中力量在律诗上。一些人专学张籍、贾岛的五言律，这两家都重苦吟，总捉摸着将平常的题材写得出奇，所以思深语精，别出蹊径。但是这种诗写景有时不免琐屑，写情有时不免偏僻，便觉不大方。这是僻涩一派。另一派出于元白，作诗如说话，嬉笑怒骂，兼而有之，又时时杂用俗语。这是粗豪一派。② 这些

---

① 白居易《与元九(稹)书》。
② 以上参用胡小石《中国文学史》(上海人文社版)说。

其实都是杜甫的鳞爪,也都是宋诗的先驱;绮丽一派只影响宋初的诗,僻涩、粗豪两派却影响了宋一代的诗。

宋初的诗专学李商隐;末流只知道典故对偶,真成了诗玩意儿。王禹偁独学杜甫,开了新风气。欧阳修、梅尧臣接着发现了韩愈,起始了宋诗的散文化。欧阳修曾遭贬谪;他是古文家。梅尧臣一生不得志。欧诗虽学韩,却平易疏畅,没有奇险的地方。梅诗幽深淡远,欧评他"譬如妖韶女,老自有余态","初如食橄榄,其味久愈在"。① 宋诗散文化,到苏轼而极。他是眉州眉山(今四川眉山)人,因为攻击王安石的新法,一辈子升沉在党争中。他将禅理大量的放进诗里,开了一个新境界。他的诗气象洪阔,铺叙宛转,又长于譬喻,真到用笔如舌的地步;但不免"掉书袋"的毛病。他门下出了一个黄庭坚,是第一个有意的讲究诗的技巧的人。他是洪州分宁(今江西修水)人,也因党争的影响,屡遭贬谪,终于死在贬所。他作诗着重锻炼,着重句律;句律就是篇章字句的组织与变化。他开了江西诗派。

刘克庄《江西诗派小序》说他"荟萃百家句律之长,究极历代体制之变,搜猎奇书,穿穴异闻,作为古律,自成一家;虽只字半句不轻出"。他不但讲究句律,并且讲究运用经史以至奇书异闻,来增富他的诗。这些都是杜甫传统的发扬光大。王安石已经提倡杜诗,但到黄庭坚,这风气才昌盛。黄还是继续将诗散文化,但组织得更经济些;他还是在

---

① 《水谷夜行寄子美圣俞》。

创造那阔大的气象,但要使它更富厚些。他所求的是新变。他研究历代诗的利病,将作诗的规矩得失,指示给后学,教他们知道路子,自己去创造,发展到变化不测的地步。所以能够独开一派。他不但创新,还主张点化陈腐以为新;创新需要大才,点化陈腐,中才都可勉力作去。他不但能够"以故为新",并且能够"以俗为雅"。其实宋诗都可以说是如此,不过他开始有意的运用这两个原则罢了。他的成就尤其在七言律上;组织固然更精密,音调也谐中有拗,使每个字都斩绝的站在纸面上,不至于随口滑过去。

南宋的三大诗家都是从江西派变化出来的。杨万里为人有气节;他的诗常常变格调。写景最工;新鲜活泼的譬喻,层见叠出,而且不碎不僻,能从大处下手。写人的情意,也能铺叙纤悉,曲尽其妙;所谓"笔端有口,句中有眼"[1]。他作诗只是自然流出,可是一句一转,一转一意;所以只觉得熟,不觉得滑。不过就全诗而论,范围究竟狭窄些。范成大是个达官。他是个自然诗人,清新中兼有拗峭。陆游是个爱君爱国的诗人。吴之振《宋诗钞》说他学杜而能得杜的心。他的诗有两种:一种是感激豪宕,沉郁深婉之作,一种是流连光景,清新刻露之作。他作诗也重真率,轻"藻绘",所谓"文章本天成,妙手偶得之"[2]。他活到八十五岁,诗有万首;最熟于诗律,七言律尤为擅长。——宋人的

---

[1] 周必大跋杨诚斋诗语。
[2] 陆游《文章诗》。

七言律实在比唐人进步。

　　向来论诗的对于唐以前的五言古诗,大概推尊,以为是诗的正宗;唐以后的五言古诗,却说是变格,价值差些,可还是诗。诗以"吟咏情性"①,该是"温柔敦厚"的。按这个界说,齐、梁、陈、隋的五言古诗其实也不够格,因为题材太小,声调太软,算不得"敦厚"。七言歌行及近体成立于唐代,却只能以唐代为正宗。宋诗议论多,又一味刻画,多用俗语,拗折声调。他们说这只是押韵的文,不是诗。但是推尊宋诗的却以为天下事物穷则变,变则通,诗也是如此。变是创新,是增扩,也就是进步。若不容许变,那就只有模拟,甚至只有钞袭;那种"优孟衣冠",甚至土偶木人,又有什么意义可言!即如模拟所谓盛唐诗的,末流往往只剩了空廓的架格和浮滑的声调;要是再不变,诗道岂不真穷了?所以诗的界说应该随时扩展;"吟咏情性""温柔敦厚"诸语,也当因历代的诗辞而调整原语的意义。诗毕竟是诗,无论如何的扩展与调整,总不会与文混合为一的。诗体正变说起于宋代,唐、宋分界说起于明代;其实历代诗各有胜场也各有短处,只要知道新、变,便是进步,这些争论是都不成问题的。

---

① 《诗大序》。

文第十三

现存的中国最早的文,是商代的卜辞。这只算是些句子,很少有一章一节的。后来《周易》卦爻辞和《鲁春秋》也是如此,不过经卜官和史官按着卦爻与年月的顺序编纂起来,比卜辞显得整齐些罢了。便是这样,王安石还说《鲁春秋》是"断烂朝报"①。所谓"断",正是不成片段,不成章节的意思。卜辞的简略大概是工具的缘故;在脆而狭的甲骨上用刀笔刻字,自然不得不如此。卦爻辞和《鲁春秋》似乎没有能够跳出卜辞的氛围去;虽然写在竹木简上,自由比较多,却依然只跟着卜辞走。《尚书》就不同了。"虞夏书"大概是后人追记,而且大部分是战国末年的追记,可以不论;但那几篇"商书",即使有些是追记,也总在商周之间。那不但有章节,并且成了篇,足以

---

① 宋周麟之跋孙觉《春秋经解》引王语。"朝报"相当于现在的政府公报。

代表当时史的发展,就是叙述文的发展。而议论文也在这里面见了源头。卜辞是"辞",《尚书》里大部分也是"辞"。这些都是官文书。

记言记事的辞之外,还有讼辞。打官司的时候,原被告的口供都叫作"辞";辞原是"讼"的意思①,是辩解的言语。这种辞关系两造的利害很大,两造都得用心陈说;审判官也得用心听,他得公平的听两面儿的。这种辞也兼有叙述和议论;两造自己办不了,可以请教讼师。这至少是周代的情形。春秋时候,列国交际频繁,外交的言语关系国体和国家的利害更大,不用说更需慎重了。这也称为"辞",又称为"命",又合称为"辞命"或"辞令"。郑子产便是个善于辞命的人。郑是个小国,他办外交,却能教大国折服,便靠他的辞命。他的辞引古为证,宛转而有理,他的态度却坚强不屈。孔子赞美他的辞,更赞美他的"慎辞"。② 孔子说当时郑国的辞命,子产先教裨谌创意起草,交给世叔审查,再教行人子羽修改,末了儿他再加润色。③ 他的确是很慎重的。辞命得"顺",就是宛转而有理;还得"文",就是引古为证。

孔子很注意辞命,他觉得这不是件易事,所以自己谦虚的说是办不了。但教学生却有这一科;他称赞宰我子贡,擅

---

① 《说文》辛部。
② 均见《左传》襄公二十五年。
③ 《论语·宪问》。

长言语①,"言语"就是"辞命"。那时候言文似乎是合一的。辞多指说出的言语,命多指写出的言语;但也可以兼指。各国派使臣,有时只口头指示策略,有时预备下稿子让他带着走。这都是命。使臣受了命,到时候总还得随机应变,自己想说话;因为许多情形是没法预料的。——当时言语,方言之外有"雅言"。"雅言"就是"夏言",是当时的京话或官话。孔子讲学似乎就用雅言,不用鲁语。② 卜、《尚书》和辞命,大概都是历代的雅言。讼辞也许不同些。雅言用的既多,所以每字都能写出,而写出的和说出的雅言,大体上是一致的。孔子说"辞"只要"达"就成。③ 辞是辞命,"达"是明白,辞多了像背书,少了说不明白,多少要恰如其分。④ 辞命的重要,代表议论文的发展。

战国时代,游说之风大盛。游士立谈可以取卿相,所以最重说辞。他们的说辞却不像春秋的辞命那样从容宛转了。他们铺张局势,滔滔不绝,真像背书似的;他们的话,像天花乱坠,有时夸饰,有时诡曲,不问是非,只图激动人主的心。那时最重辩。墨子是第一个注意辩论方法的人,他主张"言必有三表"。"三表"是"上本之于古者圣王之事","下原察百姓耳目之实","废(发)以为刑政,观其中国家百

---

① 《论语·先进》。
② 《论语·述而》:"子所雅言:《诗》、《书》、执礼,皆雅言也。"这里用刘宝楠《论语正义》的解释。
③ 《论语·卫灵公》:"子曰:'辞达而已矣。'"
④ 《仪礼·聘礼》:"辞多则史,少则不达,辞苟足以达,义之至也。"

姓人民之利"；①便是三个标准。不过他究竟是个注重功利的人，不大喜欢文饰，"恐人怀其文，忘其'用'"，所以楚王说他"言多不辩"。② ——后来有了专以辩论为事的"辩者"，墨家这才更发展了他们的辩论方法，所谓《墨经》便成于那班墨家的手里。——儒家的孟、荀也重辩。孟子说，"予岂好辩哉？予不得已也！"③荀子也说，"君子必辩。"④这些都是游士的影响。但道家的老、庄，法家的韩非，却不重辩。《老子》里说，"信言不美，美言不信"，⑤"老学"所重的是自然。《庄子》里说，"大辩不言"，⑥"庄学"所要的是神秘。韩非也注重功利，主张以法禁辩，说辩"生于上之不明"。⑦后来儒家作《易·文言传》，也道："君子进德修业。忠信，所以进德也；修辞立其诚，所以居业也。"这不但是在暗暗的批评着游士好辩的风气，恐怕还在暗暗的批评着后来称为名家的"辩者"呢。《文言传》旧传是孔子所作，不足信；但这几句话和"辞达"论倒是合拍的。

孔子开了私人讲学的风气，从此也便有了私家的著作。第一种私家著作是《论语》，却不是孔子自作而是他的弟子们记的他的说话。诸子书大概多是弟子们及后学者所记，

---

① 《非命》上。
② 《韩非子·外储说左上》。
③ 《滕文公》下。
④ 《非相篇》。
⑤ 八十一章。
⑥ 《齐物论》。
⑦ 《问辩》。

自作的极少。《论语》以记言为主,所记的多是很简单的。孔子主张"慎言",痛恨"巧言"和"利口";他向弟子们说话,大概是很质直的,弟子们体念他的意思,也只简单的记出。到了墨子和孟子,可就铺排得多。《墨子》大约也是弟子们所记。《孟子》据说是孟子晚年和他的弟子公孙丑、万章等编定的,可也是弟子们记言的体制。那时是个"好辩"的时代。墨子虽不好辩,却也脱不了时代影响。孟子本是个好辩的人。记言体制的恢张,也是自然的趋势。这种记言是直接的对话。由对话而发展为独白,便是"论"。初期的论,言意浑括,《老子》可为代表;后来的《墨经》,《韩非子·储说》的经,《管子》的《经言》,都是这体制。再进一步,便是恢张的论,《庄子·齐物论》等篇以及《荀子》《韩非子》《管子》的一部分,都是的。——群经诸子书里常常夹着一些韵句,大概是为了强调。后世的文也偶尔有这种例子。中国的有韵文和无韵文的界限,是并不怎样严格的。

还有一种"寓言",借着神话或历史故事来抒论。《庄子》多用神话,《韩非子》多用历史故事:《庄子》有些神仙家言,《韩非子》是继承《庄子》的寓言而加以变化。战国游士的说辞也好用譬喻。譬喻成了风气;这开了后来辞赋的路。论是进步的体制,但还只以篇为单位,"书"的观念还没有。直到《吕氏春秋》,才成了第一部有系统的书。[①] 这部书成

[①] 上节及本节参用傅斯年《战国文籍中之篇式书体》(《中央研究院语言历史研究所集刊》第一本第二分)说。

于吕不韦的门客之手,有十二纪、八览、六论,共三十多万字。十二代表十二月,八是卦数,六是秦代的圣数;这些数目是本书的间架,是外在的系统,并非逻辑的秩序,汉代刘安主编《淮南子》,才按照逻辑的秩序,结构就严密多了。自从有了私家著作,学术日渐平民化。著作越来越多,流传也越来越广。"雅言"便成了凝定的文体了。后世大体采用,言文渐渐分离。战国末期,"雅言"之外原还有齐语楚语两种有势力的方言。① 但是齐语只在《春秋公羊传》里留下一些,楚语只在屈原的"辞"里留下几个助词如"羌""些"等;这些都让"雅言"压倒了。

伴随着议论文的发展,记事文也有了长足的进步。这里《春秋左氏传》是一座里程碑。在前有分国记言的《国语》,《左传》从它里面取材很多。那是铺排的记言,一面以《尚书》为范本,一面让当时记言体恢张的趋势推动着,成了这部书。其中自然免不了记事的文字;《左传》便从这里出发,将那恢张的趋势表现在记事文里。那时游士的说辞也有人分国记载,也是铺排的记言,后来成为《战国策》那部书。《左传》是说明《春秋》的,是中国第一部编年史。它最长于战争的记载;它能够将千头万绪的战事叙得层次分明,它的描写更是栩栩如生。它的记言

---

① 《孟子·滕文公》:"有楚大夫于此,欲其子之齐语也,则使齐人傅诸。"楚人要学齐语,可见齐语流行很广。又《韩诗外传》四:"然则楚之狂者楚言,齐之狂者齐言,习使然也。""楚言"和"齐言"并举,可见楚言也是很有势力的。

也异曲同工，不过不算独创罢了。它可还算不得一部有自己的系统的书；它的顺序是依着《春秋》的。《春秋》的编年并不是自觉的系统，而且"断如复断"，也不成一部"书"。

汉代司马迁的《史记》才是第一部有自己的系统的史书。他创造了"纪传"的体制。他的书包括十二本纪、十表、八书、三十世家、七十列传，共五十多万字。十二是十二月，是地支，十是天干，八是卦数，三十取《老子》"三十辐共一毂"的意思，表示那些"辅弼股肱之臣""忠信行道以奉主上"①；七十表示人寿之大齐，因为列传是记载人物的。这也是用数目的哲学作系统，并非逻辑的秩序，和《吕氏春秋》一样。这部书"厥协《六经》异传，整齐百家杂语"，以剪裁与组织见长。但是它的文字最大的贡献，还在描写人物。左氏只是描写事，司马迁进一步描写人；写人更需要精细的观察和选择，比较的更难些。班彪论《史记》"善叙事理，辨而不华，质而不野，文质相称"，②这是说司马迁行文委曲自然。他写人也是如此。他又往往即事寓情，低徊不尽；他的悲愤的襟怀，常流露在字里行间。明代茅坤称他"出风入骚"③，是不错的。

汉武帝时候，盛行辞赋；后世说"楚辞汉赋"，真的，汉代简直可以说是赋的时代。所有的作家几乎都是赋的作家。赋既有这样压倒的势力，一切的文体，自然都受它的

---

① 《史记·自序》。
② 《后汉书·班彪传》。
③ 《史记评林》总评。

影响。赋的特色是铺张、排偶、用典故。西汉记事记言，都还用散行的文字，语意大抵简明；东汉就在散行里夹排偶，汉魏之际，排偶更甚。西汉的赋，虽用排偶，却还重自然，并不力求工整；东汉到魏，越来越工整，典故也越用越多。西汉普通文字，句子很短，最短有两个字的。东汉的句子，便长起来，最短的是四个字；魏代更长，往往用上四下六或上六下四的两句以完一意。所谓"骈文"或"骈体"，便这样开始发展。骈体出于辞赋，夹带着不少的抒情的成分；而句读整齐，对偶工丽，可以悦目，声调和谐，又可悦耳，也都助人情韵。因此能够投人所好，成功了不废的体制。

梁昭明太子在《文选》里第一次提出"文"的标准，可以说是骈体发展的指路牌。他不选经子史，也不选"辞"。经太尊，不可选；史"褒贬是非，纪别异同"，不算"文"；子"以立意为宗，不以能文为本"；"辞"是子史的支流，也都不算"文"。他所选的只是"事出于沉思，义归乎翰藻"之作。"事"是"事类"，就是典故；"翰藻"兼指典故和譬喻。典故用得好的，譬喻用得好的，他才选在他的书里。这种作品好像各种乐器，"并为入耳之娱"，好像各种绣衣，"俱为悦目之玩"。这是"文"，和经子史及"辞"的作用不同，性质自异。后来梁元帝又说："吟咏风谣，流连哀思者谓之文。""文者，惟须绮縠纷披，宫徵靡曼，唇吻遒会，情灵摇荡。"[1]

---

[1] 《金楼子·立言篇》。

这是说，用典故、有对偶、谐声调的抒情作品才叫作"文"呢。这种"文"大体上专指诗赋和骈体而言；但应用的骈体如章奏等，却不算在里头。汉代本已称诗赋为"文"，而以"文辞"或"文章"称记言、记事之作。骈体原也是些记言、记事之作，这时候却被提出一部分来，与诗赋并列在"文"的尊称之下，真是"附庸蔚为大国"了。

这时有两种新文体发展。一是佛典的翻译，一是群经的义疏。佛典翻译从前不是太直，便是太华；太直的不好懂，太华的简直是魏晋人讲老庄之学的文字，不见新义。这些译笔都不能做到"达"的地步。东晋时候，后秦主姚兴聘龟兹僧鸠摩罗什为国师，主持译事。他兼通华语及西域语；所译诸书，一面曲从华语，一面不失本旨。他的译笔可也不完全华化，往往有"天然西域之语趣"[①]；他介绍的"西域之语趣"是华语所能容纳的，所以觉得"天然"。新文体这样成立在他的手里。但他的翻译虽能"达"，却还不能尽"信"；他对原文是不太忠实的。到了唐代的玄奘，更求精确，才能"信""达"兼尽，集佛典翻译的大成。这种新文体一面增扩了国语的词汇，也增扩了国语的句式。词汇的增扩，影响最大而易见，如现在口语里还用着的"因果""忏悔""刹那"等词，便都是佛典的译语。句式的增扩，直接的影响比较小些，但像文言里常用的"所以者何""何以故"等

---

① 宋赞宁论罗什所译《法华经》语，见《宋高僧传》卷三。

也都是佛典的译语。另一面,这种文体是"组织的,解剖的"。① 这直接影响了佛教徒的注疏和"科分"之学②,间接影响了一般解经和讲学的人。

演释古人的话的有"故""解""传""注"等。用故事来说明或补充原文,叫作"故"。演释原来辞意,叫作"解"。但后来解释字句,也叫作"故"或"解"。"传",转也,兼有"故""解"的各种意义。如《春秋左氏传》补充故事,兼阐明《春秋》辞意。《公羊传》《穀梁传》只阐明《春秋》辞意——用的是问答式的记言。《易传》推演卦爻辞的意旨,也是铺排的记言。《诗毛氏传》解释字句,并给每篇诗作小序,阐明辞意。"注"原只解释字句,但后来也有推演辞意、补充故事的。用故事来说明或补充原文,以及一般的解释辞意,大抵明白易晓。《春秋》三传和《诗毛氏传》阐明辞意,却是断章取义,甚至断句取义,所以支离破碎,无中生有。注字句的本不该有大出入,但因对于辞意的见解不同,去取字义,也有各别的标准。注辞意的出入更大。像王弼注《周易》,实在是发挥老庄的哲学;郭象注《庄子》,更是借了《庄子》发挥他自己的哲学。南北朝人作群经"义疏",一面便是王弼等人的影响,一面也是翻译文体的间接影响。这称为"义疏"之学。

汉晋人作群经的注,注文简括,时代久了,有些便不容

---

① 梁启超《翻译文学与佛典》六之二。
② 佛教徒注释经典,分析经文的章段,称为"科分"。

易通晓。南北朝人给这些注作解释,也是补充材料,或推演辞意。"义疏"便是这个。无论补充或推演,都得先解剖文义;这种解剖必然的比注文解剖经文更精细一层。这种精细的却不算是破坏的解剖,似乎是佛典翻译的影响。就中推演辞意的有些也只发挥老庄之学,虽然也是无中生有,却能自成片段,便比汉人的支离破碎进步。这是王弼等人的衣钵,也是魏晋以来哲学发展的表现。这是又一种新文体的分化。到了唐修《五经正义》,削去玄谈,力求切实,只以疏明注义为重。解剖字句的功夫,至此而极详。宋人所谓"注疏"的文体,便成立在这时代。后来清代的精详的考证文,就是从这里变化出来的。

不过佛典只是佛典,义疏只是义疏,当时没有人将这些当作"文"的。"文"只用来称"沉思翰藻"的作品。但"沉思翰藻"的"文",渐渐有人嫌"浮""艳"了。"浮"是不直说,不简截说的意思。"艳"正是隋代李谔上文帝书中所指斥的:"连篇累牍,不出月露之形;积案盈箱,唯是风云之状。"那时北周的苏绰是首先提倡复古的人,李谔等纷纷响应。但是他们都没有找到路子,死板的模仿古人到底是行不通的。唐初,陈子昂提倡改革文体,和者尚少。到了中叶,才有一班人"宪章六艺,能探古人述作之旨"[①],而元结、独孤及、梁肃最著。他们作文,主于教化,力避排偶,辞取朴拙。但教化的观念,广泛难以动众,而关于文体,他们不曾

---

① 李舟《独孤常州集序》。

积极宣扬,因此未成宗派。开宗派的是韩愈。

韩愈,邓州南阳(今河南南阳)人。唐宪宗时,他做刑部侍郎,因谏迎佛骨被贬;后来官至吏部侍郎,所以称为韩吏部。他很称赞陈子昂、元结复古的功劳,又曾请教过梁肃、独孤及。他的脾气很坏,但提携后进,最是热肠。当时人不愿为师,以避标榜之名;他却不在乎,大收其弟子。他可不愿作章句师,他说师是"传道授业解惑"的。① 他实在是以文辞为教的创始者。他所谓"传道",便是传尧、舜、禹、汤、文、武、周公、孔子、孟子的道;所谓"解惑",便是排斥佛老。他是以继承孟子自命的;他排佛老,正和孔子的距杨墨一样。当时佛老的势力极大,他敢公然排斥,而且因此触犯了皇帝。② 这自然足以惊动一世。他并没有传了什么新的道,却指示了道统,给宋儒开了先路。他的重要的贡献,还在他所提倡的"古文"上。

他说他作文取法《尚书》《春秋》《左传》《周易》《诗经》以及《庄子》、《楚辞》、《史记》、扬雄、司马相如等。《文选》所不收的经子史,他都排进"文"里去。这是一个大改革、大解放。他这样建立起文统来。但他并不死板的复古,而以变古为复古。他说,"惟古于辞必己出,降而不能乃剽贼"③,又说,"惟陈言之务去,戛戛乎其难哉"④;他是在创

---

① 《师说》。
② 《谏佛骨表》触怒宪宗,被贬为潮州刺史。
③ 樊绍述墓志铭。
④ 《答李翊书》。

造新语。他力求以散行的句子换去排偶的句子,句逗总弄得参参差差的。但他有他的标准,那就是"气"。他说,"气盛则言之短长与声之高下者皆宜"①;"气"就是自然的语气,也就是自然的音节。他还不能跳出那定体"雅言"的圈子而采用当时的白话;但有意的将白话的自然音节引到文里去,他是第一个人。在这一点上,所谓"古文"也是不"古"的;不过他提出"语气流畅"(气盛)这个标准,却给后进指点了一条明路。他的弟子本就不少,再加上私淑的,都往这条路上走,文体于是乎大变。这实在是新体的"古文",宋代又称为"散文"——算成立在他的手里。

柳宗元与韩愈,宋代并称;他们是好朋友。柳作文取法《书》《诗》《礼》《春秋》《易》以及《穀梁》《孟》《荀》《庄》《老》《国语》《离骚》《史记》,也将经子史排在"文"里,和韩的文统大同小异。但他不敢为师,"摧陷廓清"的劳绩,比韩差得多。他的学问见解,却在韩之上,并不墨守儒言。他的文深幽精洁,最工游记;他创造了描写景物的新语。韩愈的门下有难易两派。爱易派主张新而不失自然,李翱是代表。爱难派主张新就不妨奇怪,皇甫湜是代表。当时爱难派的流传盛些。他们矫枉过正,语艰意奥,扭曲了自然的语气,自然的音节,僻涩诡异,不易读诵。所以唐末宋初,骈体文又回光返照了一下。雕琢的骈体文和僻涩的古文先后盘踞着宋初的文坛。直到欧阳修出来,才又回到韩愈与李翱,

---

① 《答李翊书》。

走上平正通达的古文的路。

韩愈抗颜为人师而提倡古文,形势比较难;欧阳修居高位而提倡古文,形势比较容易。明代所称唐宋八大家①,韩柳之外,六家都是宋人。欧阳修为首;以下是曾巩、王安石、苏洵和他的儿子苏轼、苏辙。曾巩、苏轼是欧阳修的门生;别的三个也都是他提拔的。他真是当时文坛的盟主。韩愈虽然开了宗派,却不曾有意的立宗派;欧苏是有意的立宗派。他们虽也提倡道,但只促进了并且扩大了古文的发展。欧文主自然。他所作纡徐曲折,而能条达疏畅,无艰难劳苦之态;最以言情见长,评者说是从《史记》脱化而出。曾学问有根柢,他的文确实而谨严;王是政治家,所作以精悍胜人。三苏长于议论,得力于《战国策》《孟子》;而苏轼才气纵横,并得力于《庄子》。他说他的文"随物赋形","常行于所当行,常止于不可不止";②又说他意到笔随,无不尽之处。③ 这真是自然的极致了。他的文,学的人最多。南宋有"苏文熟,秀才足"的俗谚④,可见影响之大。

欧、苏以后,古文成了正宗。辞赋虽还算在古文里头,可是从辞赋出来的骈体却只拿来作应用文了。骈体声调铿锵,便于宣读,又可铺张词藻不着边际,便于酬酢,作应用文是很相宜的。所以流传到现在,还没有完全死去。但中间

---

① 茅坤有《唐宋八大家文钞》,从此"唐宋八大家"成为定论。
② 《文说》。
③ 何薳《春渚纪闻》中东坡事实。
④ 陆游《老学庵笔记》。

却经过了散文化。自从唐代中叶的陆贽开始。他的奏议切实恳挚,绝不浮夸,而且明白晓畅,用笔如舌。唐末骈体的应用文专称"四六",却更趋雕琢;宋初还是如此。转移风气的也是欧阳修。他多用虚字和长句,使骈体稍稍近于语气之自然。嗣后群起仿效,散文化的骈文竟成了定体了。这也是古文运动的大收获。

唐代又有两种新文体发展。一是"语录",一是"传奇",都是佛家的影响。语录起于禅宗。禅宗是革命的宗派,他们只说法而不著书。他们大胆的将师父们的话参用当时的口语记下来。后来称这种体制为语录。他们不但用这种体制纪录演讲,还用来通信和讨论。这是新的记言的体制;里面夹杂着"雅言"和译语。宋儒讲学,也采用这种记言的体制,不过不大夹杂译语。宋儒的影响究竟比禅宗大得多,语录体从此便成立了,盛行了。传奇是有结构的小说。从前只有杂录或琐记的小说,有结构的从传奇起头。传奇记述艳情,也记述神怪;但将神怪人情化。这里面描写的人生,并非全是设想,大抵还是以亲切的观察作底子。这开了后来佳人才子和鬼狐仙侠等小说的先路。它的来源一方面是俳谐的辞赋,一方面是翻译的佛典故事;佛典里长短的寓言所给予的暗示最多。当时文士作传奇,原来只是向科举的主考官介绍自己的一种门路。当时应举的人在考试之前,得请达官将自己姓名介绍给主考官;自己再将文章呈给主考官看。先呈正经文章,过些时再呈杂文如传奇等,传奇可以见史才、诗、笔、议论,人又爱看,是科举的很好媒介。

这样，作者便日渐其多了。

到了宋代，又有"话本"。这是白话小说的老祖宗。话本是"说话"的底本；"说话"略同后来的"说书"，也是佛家的影响。唐代佛家向民众宣讲佛典故事，连说带唱，本子夹杂"雅言"和口语，叫作"变文"；"变文"后来也有说唱历史故事及社会故事的。"变文"便是"说话"的源头；"说话"里也还有演说佛典这一派。"说话"是平民的艺术；宋仁宗很爱听，以后便变为专业，大流行起来了。这里面有说历史故事的，有说神怪故事的，有说社会故事的。"说话"渐渐发展，本来由一个或几个同类而不相关联的短故事，引出一个同类而不相关联的长故事的，后来却能将许多关联的故事组织起来，分为"章回"了。这是体制上一个大进步。

话本留存到现在的已经很少，但还足以见出后世的几部小说名著，如元罗贯中的《三国演义》，明施耐庵的《水浒传》，吴承恩的《西游记》，都是从话本演化出来的；不过这些已是文人的作品，而不是话本了。就中《三国演义》还夹杂着"雅言"，《水浒传》和《西游记》便都是白话了。这里除《西游记》以设想为主外，别的都可以说是写实的。这种写实的作风在清代曹雪芹的《红楼梦》里得着充分的发展。《三国演义》等书里的故事虽然是关联的，却不是连贯的。到了《红楼梦》，组织才更严密了；全书只是一个家庭的故事。虽然包罗万有，而能"一以贯之"。这不但是章回小说，而且是近代所谓"长篇小说"了。白话小说到此大成。

明代用八股文取士，一般文人都镂心刻骨的去简练揣摩,所以极一代之盛。"股"是排偶的意思;这种体制,中间有八排文字互为对偶,所以有此称。——自然也有变化,不过"八股"可以说是一般的标准。——又称为"'四书'文",因为考试里最重要的文字,题目都出在"四书"里。又称为"制艺",因为这是朝廷法定的体制。又称为"时文",是对古文而言。八股文也是推演经典辞意的;它的来源,往远处说,可以说是南北朝义疏之学,往近处说,便是宋元两代的经义。但它的格律,却是从"四六"演化的。宋代定经义为考试科目,是王安石的创制;当时限用他的群经"新义",用别说的不录,元代考试,限于"四书",规定用朱子的章句和集注。明代制度,主要的部分也是如此。

经义的格式,宋末似乎已有规定的标准,元明两代大体上递相承袭。但明代有两种大变化:一是排偶,一是代古人语气。因为排偶,所以讲究声调。因为代古人语气,便要描写口吻;圣贤要像圣贤口吻,小人要像小人的。这是八股文的仅有的本领,大概是小说和戏曲的不自觉的影响。八股文格律定得那样严,所以得简练揣摩,一心用在技巧上。除了口吻、技巧和声调之外,八股文里是空洞无物的。而因为那样难,一般作者大都只能套套滥调,那真是"每下愈况"了。这原是君主牢笼士人的玩意儿,但它的影响极大;明清两代的古文大家几乎没有一个不是八股文出身的。

清代中叶,古文有桐城派,便是八股文的影响。诗文作家自己标榜宗派,在前只有江西诗派,在后只有桐城文派。桐城派的势力,绵延了二百多年,直到民国初期还残留着;

这是江西派比不上的。桐城派的开山祖师是方苞，而姚鼐集其大成。他们都是安徽桐城人，当时有"天下文章在桐城"的话①，所以称为桐城派。方苞是八股文大家。他提倡归有光的文章，归也是明代八股文兼古文大家。方是第一个提倡"义法"的人。他论古文以为"六经"和《论语》《孟子》是根源，得其支流而义法最精的是《左传》《史记》；其次是《公羊传》《穀梁传》《国语》《国策》，两汉的书和疏，唐宋八家文②——再下怕就要数到归有光了。这是他的，也是桐城派的，文统论。"义"是用意，是层次；"法"是求雅、求洁的条目。雅是纯正不杂，如不可用语录中语、骈文中丽语、汉赋中板重字法、诗歌中俊语、"南北史"中佻巧语以及佛家语。后来姚鼐又加上注疏语和尺牍语。洁是简省字句。这些"法"其实都是从八股文的格律引申出来的。方苞论文，也讲"阐道"③；他是信程、朱之学的，不过所入不深罢了。

方苞受八股文的束缚太甚，他学得的只是《史记》、欧、曾、归的一部分，只是严整而不雄浑，又缺乏情韵。姚鼐所取法的还是这几家，虽然也不雄浑，却能"迂回荡漾，余味曲包"④，这是他的新境界。《史记》本多含情不尽之处，所谓远神的。欧文颇得此味，归更向这方面发展——最善述

---

① 周书昌语，见姚鼐《刘海峰先生八十寿序》。
② 《古文约选·序例》。
③ 见雷铉《卜书》。
④ 吕璜纂《吴德旋初月楼古文绪论》。

哀,姚简直用全力揣摩。他的老师刘大櫆指出作文当讲究音节,音节是神气的迹象,可以从字句下手。① 姚鼐得了这点启示,便从音节上用力,去求得那绵邈的情韵。他的文真是所谓"阴与柔之美"②。他最主张诵读,又最讲究虚助字,都是为此。但这分明是八股文讲究声调的转变。刘是雍正副榜,姚是乾隆进士,都是用功八股文的。当时汉学家提倡考据,不免繁琐的毛病。姚鼐因此主张义理、考据、词章三端相济,偏废的就是"陋"儒。③ 但他的义理不深,考据多误,所有的还只是词章本领。他选了《古文辞类纂》;序里虽提到"道",书却只成为古文的典范。书中也不选经子史;经也因为太尊,子史却因为太多。书中也选辞赋。这部选本是桐城派的经典,学文的必由于此,也只须由于此。方苞评归有光的文庶几"有序",但"有物之言"太少。④ 曾国藩评姚鼐也说一样的话,其实桐城派都是如此。攻击桐城派的人说他们空疏浮浅,说他们范围太窄,全不错;但他们组织的技巧,言情的技巧,也是不可抹杀的。

姚鼐以后,桐城派因为路太窄,渐有中衰之势。这时候仪征阮元提倡骈文正统论。他以《文选序》和南北朝"文""笔"的分别为根据,又扯上传为孔子作的《易文言传》。他说用韵用偶的才是文,散行的只是笔,或是"直言"的"言",

---

① 刘大櫆《论文偶记》。
② 姚鼐《复鲁絜非书》。
③ 《述庵文钞序》,又《复秦小岘书》。
④ 《书震川文集后》。

"论难"的"语"。① 古文以立意、记事为宗,是子史正流,终究与文章有别。《文言传》多韵语、偶语,所以孔子才题为"文"言。阮元所谓韵,兼指句末的韵与句中的"和"而言。② 原来南北朝所谓"文""笔",本有两义:"有韵为文,无韵为笔",是当时的常言。③ ——韵只是句末韵。阮元根据此语,却将"和"也算是韵,这是曲解一。梁元帝说有对偶、谐声调的抒情作品是文,骈体的章奏与散体的著述都是笔。④ 阮元却只以散体为笔,这是曲解二。至于《文言传》,固然称"文",却也称"言",况且也非孔子所作——这更是傅会了。他的主张虽然也有一些响应的人,但是不成宗派。

曾国藩出来,中兴了桐城派。那时候一般士人,只知作八股文;另一面汉学宋学的门户之争,却越来越利害,各走偏锋。曾国藩为补偏救弊起见,便就姚鼐义理、考据、词章三端相济之说加以发扬光大。他反对当时一般考证文的芜杂琐碎,也反对当时崇道贬文的议论,以为要明先王之道,非精研文字不可;各家著述的见道多寡,也当以他们的文为衡量的标准。桐城文的病在弱在窄,他却能以深博的学问、弘通的见识、雄直的气势,使它起死回生。他才真回到韩愈,而且胜过韩愈。他选了《经史百家杂钞》,将经史子也收入选本里,让学者知道古文的源

---

① 根据《说文》言部。
② 阮元《文言说》及《与友人论古文书》。
③ 《文心雕龙·总术》。
④ 《金楼子·立言篇》。

流,文统的一贯,眼光便比姚鼐远大得多。他的幕僚和弟子极众,真是登高一呼,群山四应。这样延长了桐城派的寿命几十年。

但"古文不宜说理"①,从韩愈就如此。曾国藩的力量究竟也没有能够补救这个缺陷于一千年之后。而海通以来,世变日亟,事理的繁复,有些决非古文所能表现。因此聪明才智之士渐渐打破古文的格律,放手作去。到了清末,梁启超先生的"新文体"可算登峰造极。他的文"时杂以俚语、韵语及外国语法,纵笔所至不检束,学者竞效之"。而"条理明晰,笔锋常带情感,对于读者,别有一种魔力焉"。② 但这种"魔力"也不能持久;中国的变化实在太快,这种"新文体"又不够用了。胡适之先生和他的朋友们这才起来提倡白话文,经过"五四运动",白话文是畅行了。这似乎又回到古代言文合一的路。然而不然。这时代是第二回翻译的大时代。白话文不但不全跟着国语的口语走,也不全跟着传统的白话走,却有意的跟着翻译的白话走。这是白话文的现代化,也就是国语的现代化。中国一切都在现代化的过程中,语言的现代化也是自然的趋势,并不足怪的。

---

① 曾国藩《复吴南屏书》:"仆尝谓古文之道,无施不可,但不宜说理耳。"
② 梁启超《清代学术概论》。

延伸阅读

匆　匆

燕子去了,有再来的时候;杨柳枯了,有再青的时候;桃花谢了,有再开的时候。但是,聪明的,你告诉我,我们的日子为什么一去不复返呢?——是有人偷了他们罢:那是谁?又藏在何处呢?是他们自己逃走了罢:现在又到了那里呢?

我不知道他们给了我多少日子;但我的手确乎是渐渐空虚了。在默默里算着,八千多日子已经从我手中溜去;像针尖上一滴水滴在大海里,我的日子滴在时间的流里,没有声音,也没有影子。我不禁头涔涔而泪潸潸了。

去的尽管去了,来的尽管来着;去来的中间,又怎样地匆匆呢?早上我起来的时候,小屋里射进两三方斜斜的太阳。太阳他有脚啊,轻轻悄悄地挪移了;我也茫茫然跟着旋转。于是——洗手的时候,日子从水盆里过去;吃饭的时候,日子从饭碗里过去;默默时,便从凝然的双眼前过去。我觉察他去的匆匆了,伸出手遮挽时,他又从遮挽着的手边过去,天黑时,我躺在床上,他便伶伶俐俐地从我身上跨过,从我脚边飞去了。等我睁开眼和太阳再见,这算又溜走了一日。我掩着面叹息。但是新来的日子的影儿又开始在叹息里闪过了。

在逃去如飞的日子里,在千门万户的世界里的我能做些什么呢?只有徘徊罢了,只有匆匆罢了;在八千多日的匆匆里,除徘徊外,又剩些什么呢?过去的日子如轻烟,被微风吹散了,如薄雾,被初阳蒸融了;我留着些什么痕迹呢?我何曾留着像游丝样的痕迹呢?我赤裸裸来到这世界,转眼间也将赤裸裸的回去罢?但不能平的,为什么偏要白白走这一遭啊?

你聪明的,告诉我,我们的日子为甚么一去不复返呢?

(选自《踪迹》,上海亚东图书馆 1924 年版)

春

盼望着，盼望着，东风来了，春天的脚步近了。

一切都像刚睡醒的样子，欣欣然张开了眼。山朗润起来了，水长起来了，太阳的脸红起来了。

小草偷偷地从土里钻出来，嫩嫩的，绿绿的。园子里，田野里，瞧去，一大片一大片满是的。坐着，躺着，打两个滚，踢几脚球，赛几趟跑，捉几回迷藏。风轻悄悄的，草绵软软的。

桃树、杏树、梨树，你不让我，我不让你，都开满了花赶趟儿。红的像火，粉的像霞，白的像雪。花里带着甜味；闭了眼，树上仿佛已经满是桃儿、杏儿、梨儿！花下成千成百的蜜蜂嗡嗡地闹着，大小的蝴蝶飞来飞去。野花遍地是：杂样儿，有名字的，没名字的，散在草丛里像眼睛，像星星，还眨呀眨的。

"吹面不寒杨柳风"，不错的，像母亲的手抚摸着你。风里带来些新翻的泥土的气息，混着青草味，还有各种花的香,都在微微润湿的空气里酝酿。鸟儿将窠巢安在繁花嫩叶当中,高兴起来了,呼朋引伴地卖弄清脆的喉咙,唱出宛转的曲子,与轻风流水应和着。牛背上牧童的短笛,这时候也成天在嘹亮地响。

雨是最寻常的,一下就是三两天。可别恼。看,像牛毛,像花针,像细丝,密密地斜织着,人家屋顶上全笼着一层薄烟。树叶子却绿得发亮,小草也青得逼你的眼。傍晚时候,上灯了,一点点黄晕的光,烘托出一片安静而和平的夜。乡下去,小路上,石桥边,撑起伞慢慢走着的人;还有地里工作的农夫,披着蓑戴着笠的。他们的草屋,稀稀疏疏的在雨里静默着。

天上风筝渐渐多了,地上孩子也多了。城里乡下,家家户户,老老小小,他们也赶趟儿似的,一个个都出来了。舒活舒活筋骨,抖擞抖擞精神,各做各的一份儿事去。"一年之计在于春";刚起头儿,有的是工夫,有的是希望。

春天像刚落地的娃娃,从头到脚都是新的,它生长着。

春天像小姑娘,花枝招展的,笑着,走着。

春天像健壮的青年,有铁一般的胳膊和腰脚,他领着我们上前去。

(选自朱文叔编《初中国文读本》第一册,
上海中华书局 1933 年版)

背　影

　　我与父亲不相见已二年余了,我最不能忘记的是他的背影。那年冬天,祖母死了,父亲的差使也交卸了,正是祸不单行的日子,我从北京到徐州,打算跟着父亲奔丧回家。到徐州见着父亲,看见满院狼藉的东西,又想起祖母,不禁簌簌地流下眼泪。父亲说,"事已如此,不必难过,好在天无绝人之路!"

　　回家变卖典质,父亲还了亏空;又借钱办了丧事。这些日子,家中光景很是惨淡,一半为了丧事,一半为了父亲赋闲。丧事完毕,父亲要到南京谋事,我也要回北京念书,我们便同行。

　　到南京时,有朋友约去游逛,勾留了一日;第二日上午便须渡江到浦口,下午上车北去。父亲因为事忙,本已说定不送我,叫旅馆里一个熟识的茶房陪我同去。他再三嘱付茶房,甚是仔细。但他终于不放心,怕茶房不妥帖;颇踌躇了一会。其实我那年已二十岁,北京已来往过两三次,是没有甚么要紧的了。他踌躇了一会,终于决定还是自己送我去。我两三回劝他不必去;他只说,"不要紧,他们去不好!"

我们过了江,进了车站。我买票,他忙着照看行李。行李太多了,得向脚夫行些小费,才可过去。他便又忙着和他们讲价钱。我那时真是聪明过分,总觉他说话不大漂亮,非自己插嘴不可。但他终于讲定了价钱;就送我上车。他给我拣定了靠车门的一张椅子;我将他给我做的紫毛大衣铺好坐位。他嘱我路上小心,夜里要警醒些,不要受凉。又嘱托茶房好好照应我。我心里暗笑他的迂;他们只认得钱,托他们直是白托!而且我这样大年纪的人,难道还不能料理自己么?唉,我现在想想,那时真是太聪明了!

我说道,"爸爸,你走吧。"他望车外看了看,说,"我买几个橘子去。你就在此地,不要走动。"我看那边月台的栅栏外有几个卖东西的等着顾客。走到那边月台,须穿过铁道,须跳下去又爬上去。父亲是一个胖子,走过去自然要费事些。我本来要去的,他不肯,只好让他去。我看见他戴着黑布小帽,穿着黑布大马褂,深青布棉袍,蹒跚地走到铁道边,慢慢探身下去,尚不大难。可是他穿过铁道,要爬上那边月台,就不容易了。他用两手攀着上面,两脚再向上缩;他肥胖的身子向左微倾,显出努力的样子。这时我看见他的背影,我的泪很快地流下来了。我赶紧拭干了泪,怕他看见,也怕别人看见。我再向外看时,他已抱了朱红的橘子望回走了。过铁道时,他先将橘子散放在地上,自己慢慢爬下,再抱起橘子走。到这边时,我赶紧去搀他。他和我走到车上,将橘子一股脑儿放在我的皮大衣上。于是扑扑衣上的泥土,心里狠轻松似的,过一会说,"我走了;到那边来信!"我望着他走出去。他走了几步,回过头看见我,说,"进去吧,里边没人。"等他的背影混入来来往往的人里,再找不着了,我便进来坐下,我的眼泪又来了。

近几年来,父亲和我都是东奔西走,家中光景是一日不如一日。他少年出外谋生,独力支持,做了许多大事。那知老境却如此颓唐!他触目伤怀,自然情不能自已。情郁于中,自然要发之于外;家庭琐屑便往往触他之怒。他待我渐渐不同往日。但最近两年的不见,他终于忘却我的不好,只是惦记着我,惦记着我的儿子。我北来后,他写了一信给我,信中说道,"我身体平安,惟膀子疼痛利害,举箸提笔,诸多不便,大约大去之期不远矣。"我读到此处,在晶莹的泪光中,又看见那肥胖的,青布棉袍,黑布马褂的背影。唉!我不知何时再能与他相见!

十月在北京

(选自《背影》,开明书店 1928 年版)

荷 塘 月 色

这几天心里颇不宁静。今晚在院子里坐着乘凉,忽然想起日日走过的荷塘,在这满月的光里,总该另有一番样子吧。月亮渐渐地升高了,墙外马路上孩子们的欢笑,已经听不见了;妻在屋里拍着闰儿,迷迷糊糊地哼着眠歌。我悄悄地披了大衫,带上门出去。

沿着荷塘,是一条曲折的小煤屑路。这是一条幽僻的路;白天也少人走,夜晚更加寂寞。荷塘四面,长着许多树,蓊蓊郁郁的。路的一旁,是些杨柳,和一些不知道名字的树。没有月光的晚上,这路上阴森森的,有些怕人。今晚却很好,虽然月光也还是淡淡的。

路上只我一个人,背着手踱着。这一片天地好像是我的;我也像超出了平常的自己,到了另一世界里。我爱热闹,也爱冷静;爱群居,也爱独处。像今晚上,一个人在这苍茫的月下,什么都可以想,什么都可以不想,便觉是个自由的人。白天里一定要做的事,一定要说的话,现在都可不理。这是独处的妙处;我且受用这无边的荷香月色好了。

曲曲折折的荷塘上面,弥望的是田田的叶子。叶子出水很高,像亭亭的舞女的裙。层层的叶子中间,零星地点缀着些白花,有袅娜地开着的,有羞涩地打着朵儿的;正如一粒粒的明珠,又如碧天里的星星,又如刚出浴的美人。微风过处,送来缕缕清香,仿佛远处高楼上渺茫的歌声似的。这时候叶子与花也有一丝的颤动,像闪电般,霎时传过荷塘的那边去了。叶子本是肩并肩密密地挨着,这便宛然有了一道凝碧的波痕。叶子底下是脉脉的流水,遮住了,不能见一些颜色;而叶子却更见风致了。

月光如流水一般,静静地泻在这一片叶子和花上。薄薄的青雾浮起在荷塘里。叶子和花仿佛在牛乳中洗过一样;又像笼着轻纱的梦。虽然是满月,天上却有一层淡淡的云,所以不能朗照;但我以为这恰是到了好处——酣眠固不可少,小睡也别有风味的。月光是隔了树照过来的,高处丛生的灌木,落下参差的斑驳的黑影,峭楞楞如鬼一般;弯弯的杨柳的稀疏的倩影,却又像是画在荷叶上。塘中的月色并不均匀;但光与影有着和谐的旋律,如梵婀玲上奏着的名曲。

荷塘的四面,远远近近,高高低低都是树,而杨柳最多。这些树将一片荷塘重重围住;只在小路一旁,漏着几段空隙,像是特为月光留下的。树色一例是阴阴的,乍看像一团烟雾;但杨柳的丰姿,便在烟雾里也辨得出。树梢上隐隐约约的是一带远山,只有些大意罢了。树缝里也漏着一两点路灯光,没精打采的,是渴睡人的眼。这时候最热闹的,要数树上的蝉声与水里的蛙声；但热闹是它们的，我什么也没有。

忽然想起采莲的事情来了。采莲是江南的旧俗，似乎很早就有，而六朝时为盛；从诗歌里可以约略知道。采莲的是少年的女子，她们是荡着小船，唱着艳歌去的。采莲人不用说很多，还有看采莲的人。那是一个热闹的季节，也是一个风流的季节。梁元帝《采莲赋》里说得好：

> 于是妖童媛女，荡舟心许；鹢首徐回，兼传羽杯；櫂将移而藻挂，船欲动而萍开。尔其纤腰束素，迁延顾步；夏始春余，叶嫩花初，恐沾裳而浅笑，畏倾船而敛裾。

可见当时嬉游的光景了。这真是有趣的事，可惜我们现在早已无福消受了。

于是又记起《西洲曲》里的句子：

> 采莲南塘秋，莲花过人头；低头弄莲子，莲子清如水。

今晚若有采莲人，这儿的莲花也算得"过人头"了；只不见一些流水的影子，是不行的。这令我到底惦着江南了。——这样想着，猛一抬头，不觉已是自己的门前；轻轻地推门进去，什么声息也没有，妻已睡熟好久了。

一九二七年，七月，北京清华园
（选自《背影》，开明书店1928年版）

桨声灯影里的秦淮河

一九二三年八月的一晚,我和平伯同游秦淮河;平伯是初泛,我是重来了。我们雇了一只"七板子",在夕阳已去,皎月方来的时候,便下了船。于是桨声汩——汩,我们开始领略那晃荡着蔷薇色的历史的秦淮河的滋味了。

秦淮河里的船,比北京万生园,颐和园的船好,比西湖的船好,比扬州瘦西湖的船也好。这几处的船不是觉着笨,就是觉着简陋,局促;都不能引起乘客们的情韵,如秦淮河的船一样。秦淮河的船约略可分为两种:一是大船;一是小船,就是所谓"七板子"。大船舱口阔大,可容二三十人。里面陈设着字画和光洁的红木家具,桌上一律嵌着冰凉的大理石面。窗格雕镂颇细,使人起柔腻之感。窗格里映着红色蓝色的玻璃;玻璃上有精致的花纹,也颇悦人目。"七板子"规模虽不及大船,但那淡蓝色的栏干,空敞的舱,也足系人情思。而最出色处却在它的舱前。舱前是甲板上的一部,上面有弧形的顶,两边用疏疏的栏干支着。里面通常放着两张藤的躺椅。躺下，可以谈天，可以望远，可以顾盼两岸的河房。大船上也有这个，但在小船上更觉清隽罢了。舱前的顶下，一律悬着灯彩；灯的多少，明暗，彩苏的精粗，艳晦，是不一的，但好歹总还你一个灯彩。这灯彩实在是最能钩人的东西。夜幕垂垂地下来时，大小船上都点起灯火。从两重玻璃里映出那辐射着的黄黄的散光，反晕出一片朦胧的烟霭；透过这烟霭，在黯黯的水波里，又逗起缕缕的明漪。在这薄霭和微漪里，听着那悠然的间歇的桨声，谁能不被引入他的美梦去呢？只愁梦太多了，这些大小船儿如何载得起呀？我们这时模模糊糊的谈着明末的秦淮河的艳迹，如《桃花扇》及《板桥杂记》里所载的。我们真神往了。我们仿佛亲见那时华灯映水，画舫凌波的光景了。于是我们的船便成了历史的重载了。我们终于恍然秦淮河的船所以雅丽过于他处，而又有奇异的吸引力的，实在是许多历史的影象使然了。

秦淮河的水是碧阴阴的；看起来厚而不腻，或者是六朝金粉所凝么？我们初上船的时候，天色还未断黑，那漾漾的柔波是这样的恬静，委婉，使我们一面有水阔天空之想，一面又憧憬着纸醉金迷之境。等到灯火明时，阴阴的变为沉沉了；黯淡的水光，像梦一般；那偶然闪烁着的光芒，就是梦的眼睛了。我们坐在舱前，因了那隆起的顶棚，仿佛总是昂着首向前走着似的；于是飘飘然如御风而行的我们，看着那些自在的湾泊着的船，船里走马灯般的人物，便像是下界一般，迢迢的远了，又像在雾里看花，尽朦朦胧胧的。这时我们已过了利涉桥,望见东关头了。沿路听见断续的歌声:有从沿河的妓楼飘来的,有从河上船里度来的。我们明知那些歌声,只是些因袭的言词,从生涩的歌喉里机械的发出来的;但它们经了夏夜的微风的吹漾和水波的摇拂,袅娜着到我们耳边的时候,已经不单是她们的歌声,而混着微风和河水的密语了。于是我们不得不被牵惹着,震撼着,相与浮沉于这歌声里了。从东关头转湾,不久就到大中桥。大中桥共有三个桥拱,都很阔大,俨然是三座门儿;使我们觉得我们的船和船里的我们,在桥下过去时,真是太无颜色了。桥砖是深褐色,表明它的历史的长久;但都完好无缺,令人太息于古昔工程的坚美。桥上两旁都是木壁的房子,中间应该有街路?这些房子都破旧了,多年烟薰的迹,遮没了当年的美丽。我想像秦淮河的极盛时,在这样宏阔的桥上,特地盖了房子,必然是髹漆得富富丽丽的;晚间必然是灯火通明的。现在却只剩下一片黑沉沉!但是桥上造着房子,毕竟使我们多少可以想见往日的繁华;这也慰情聊胜无了。过了大中桥,便到了灯月交辉,笙歌彻夜的秦淮河;这才是秦淮河的真面目哩。

大中桥外,顿然空阔,和桥内两岸排着密密的人家的大异了。一眼望去,疏疏的林,淡淡的月,衬着蓝蔚的天,颇像荒江野渡光景;那边呢,郁葱葱的,阴森森的,又似乎藏着无边的黑暗:令人几乎不信那是繁华的秦淮河了。但是河中眩晕着的灯光,纵横着的画舫,悠扬着的笛韵,夹着那吱吱的胡琴声,终于使我们认识绿如茵陈酒的秦淮水了。此地天裸露着的多些,故觉夜来的独迟些;从清清的水影里,我们感到的只是薄薄的夜——这正是秦淮河的夜。大中桥外,本来还有一座复成桥,是船夫口中的我们的游踪尽处,或也是秦淮河繁华的尽处了。我的脚曾踏过复成桥的脊,在十三四岁的时候。但是两次游秦淮河,却都不曾见着复成桥的面;明知总在前途的,却常觉得有些虚无缥缈似的。我想,不见倒也好。这时正是盛夏。我们下船后,借着新生的晚凉和河上的微风,暑气已渐渐销散;到了此地,豁然开朗,身子顿然轻了——习习的清风荏苒在面上,手上,衣上,这便又感到了一缕新凉了。南京的日光,大概没有杭州猛烈;西湖的夏夜老是热蓬蓬的,水像沸着一般,秦淮河的水却尽是这样冷冷地绿着。任你人影的憧憧,歌声的扰扰,总像隔着一层薄薄的绿纱面幂似的;它尽是这样静静的,冷冷的绿着。我们出了大中桥,走不上半里路,船夫便将船划到一旁,停了桨由它宕着。他以为那里正是繁华的极点,再过去就是荒凉了;所以让我们多多赏鉴一会儿。他自己却静静的蹲着。他是看惯这光景的了,大约只是一个无可无不可。这无可无不可,无论是升的沉的,总之,都比我们高了。

那时河里闹热极了;船大半泊着,小半在水上穿梭似的来往。停泊着的都在近市的那一边,我们的船自然也夹在其中。因为这边略略的挤,便觉得那边十分的疏了。在每一只船从那边过去时,我们能画出它的轻轻的影和曲曲的波,在我们的心上;这显着是空,且显着是静了。那时处处都是歌声和凄厉的胡琴声,圆润的喉咙,确乎是很少的。但那生涩的,尖脆的调子能使人有少年的,粗率不拘的感觉,也正可快我们的意。况且多少隔开些儿听着,因为想象与渴慕的做美,总觉更有滋味;而竞发的喧嚣,抑扬的不齐,远近的杂沓,和乐器的嘈嘈切切,合成另一意味的谐音,也使我们无所适从,如随着大风而走。这实在因为我们的心枯涩久了,变为脆弱;故偶然润泽一下,便疯狂似的不能自主了。但秦淮河确也腻人。即如船里的人面,无论是和我们一堆儿泊着的,无论是从我们眼前过去的,总是模模糊糊的,甚至渺渺茫茫的;任你张圆了眼睛,揩净了眦垢,也是枉然。这真够人想呢。在我们停泊的地方,灯光原是纷然的;不过这些灯光都是黄而有晕的。黄已经不能明了,再加上了晕,便更不成了。灯愈多,晕就愈甚;在繁星般的黄的交错里,秦淮河仿佛笼上了一团光雾。光芒与雾气腾腾的晕着,什么都只剩了轮廓了;所以人面的详细的曲线,便消失于我们的眼底了。但灯光究竟夺不了那边的月色;灯光是浑的,月色是清的。在浑沌的灯光里,渗入了一派清辉,却真是奇迹!那晚月儿已瘦削了两三分。她晚妆才罢,盈盈的上了柳梢头。天是蓝得可爱,仿佛一汪水似的;月儿便更出落得精神了。岸上原有三株两株的垂杨树,淡淡的影子,在水里摇曳着。它们那柔细的枝条浴着月光,就像一支支美人的臂膊,交互的缠着,挽着;又像是月儿披着的发。而月儿偶然也从它们的交叉处偷偷窥看我们,大有小姑娘怕羞的样子。岸上另有几株不知名的老树,光光的立着;在月光里照起来,却又俨然是精神矍铄的老人。远处——快到天际线了,才有一两片白云,亮得现出异彩,像美丽的贝壳一般。白云下便是黑黑的一带轮廓;是一条随意画的不规则的曲线。这一段光景,和河中的风味大异了。但灯与月竟能并存着,交融着,使月成了缠绵的月,灯射着渺渺的灵辉;这正是天之所以厚秦淮河,也正是天之所以厚我们了。

这时却遇着了难解的纠纷。秦淮河上原有一种歌妓,是以歌为业的。从前都在茶舫上,唱些大曲之类。每日午后一时起;什么时候止,却忘记了。晚上照样也有一回,也在黄晕的灯光里。我从前过南京时,曾随着朋友去听过两次。因为茶舫里的人脸太多了,觉得不大适意,终于听不出所以然。前年听说歌妓被取缔了,不知怎的,颇涉想了几次——却想不出什么。这次到南京,先到茶舫上去看看,觉得颇是寂寥,令我无端的怅怅了。不料她们却仍在秦淮河里挣扎着,不料她们竟会纠缠到我们,我于是很张皇了。她们也乘着"七板子",她们总是坐在舱前的。舱前点着石油汽灯,光亮炫人眼目:坐在下面的,自然是纤毫毕见了——引诱客人们的力量,也便在此了。舱里躲着乐工等人,映着汽灯的余辉蠕动着;他们是永远不被注意的。每船的歌妓大约都是二人;天色一黑,她们的船就在大中桥外往来不息的兜生意。无论行着的船,泊着的船,都要来兜揽的。这都是我后来推想出来的。那晚不知怎样,忽然轮着我们的船了。我们的船好好的停着,一只歌舫划向我们来了;渐渐和我们的船并着了。烁烁的灯光逼得我们皱起了眉头;我们的风尘色全给它托出来了,这使我踧踖不安了。那时一个伙计跨过船来,拿着摊开的歌折,就近塞向我的手里,说,"点几出吧!"他跨过来的时候,我们船上似乎有许多眼光跟着。同时相近的别的船上也似乎有许多眼睛炯炯的向我们船上看着。我真窘了!我也装出大方的样子,向歌妓们瞥了一眼,但究竟是不成的!我勉强将那歌折翻了一翻,却不曾看清了几个字;便赶紧递还那伙计,一面不好意思地说,"不要。我们……不要。"他便塞给平伯。平伯掉转头去,摇手说,"不要!"那人还腻着不走。平伯又回过脸来,摇着头道,"不要!"于是那人重到我处。我窘着再拒绝了他。他这才有所不屑似的走了。我的心立刻放下,如释了重负一般。我们就开始自白了。

  我说我受了道德律的压迫,拒绝了她们;心里似乎很抱歉的。这所谓抱歉,一面对于她们,一面对于我自己。她们于我们虽然没有很奢的希望;但总有些希望的。我们拒绝了她们,无论理由如何充足,却使她们的希望受了伤;这总有几分不做美了。这是我觉得很怅怅的。至于我自己,更有一种不足之感。我这时被四面的歌声诱惑了,降服了;但是远远的,远远的歌声总仿佛隔着重衣搔痒似的,越搔越搔不着痒处。我于是憧憬着贴耳的妙音了。在歌舫划来时,我的憧憬,变为盼望;我固执的盼望着,有如饥渴。虽然从浅薄的经验里,也能够推知,那贴耳的歌声,将剥去了一切的美妙;但一个平常的人像我的,谁愿凭了理性之力去丑化未来呢?我宁愿自己骗着了。不过我的社会感性是很敏锐的;我的思力能拆穿道德律的西洋镜,而我的感情却终于被它压服着。我于是有所顾忌了,尤其是在众目昭彰的时候。道德律的力,本来是民众赋予的;在民众的面前,自然更显出它的威严了。我这时一面盼望,一面却感到了两重的禁制:一,在通俗的意义上,接近妓者总算一种不正当的行为;二,妓是一种不健全的职业,我们对于她们,应有哀矜勿喜之心,不应赏玩的去听她们的歌。在众目睽睽之下,这两种思想在我心里最为旺盛。她们暂时压倒了我的听歌的盼望,这便成就了我的灰色的拒绝。那时的心实在异常状态中,觉得颇是昏乱。歌舫去了,暂时宁靖之后,我的思绪又如潮涌了。两个相反的意思在我心头往复:卖歌和卖淫不同,听歌和狎妓不同,又干道德甚事?——但是,但是,她们既被逼的以歌为业,她们的歌必无艺术味的;况她们的身世,我们究竟该同情的。所以拒绝倒也是正办。但这些意思终于不曾撇开我的听歌的盼望。它力量异常坚强;它总想将别的思绪踏在脚下。从这重重的争斗里,我感到了浓厚的不足之感。这不足之感使我的心盘旋不安,起坐都不安宁了。唉!我承认我是一个自私的人!平伯呢,却与我不同。他引周启明先生的诗,"因为我有妻子,所以我爱一切的女人;因为我有子女,所以我爱一切的孩子。"①他的意思可以见了。他因为推及的同情,爱着那些歌妓,并且尊重着她们,所以拒绝了她们。在这种情形下,他自然以为听歌

---

① 原诗是,"我为了自己的儿女才爱小孩子,为了自己的妻才爱女人",见《雪朝》四八页。

是对于她们的一种侮辱。但他也是想听歌的,虽然不和我一样。所以在他的心中,当然也有一番小小的争斗;争斗的结果,是同情胜了。至于道德律,在他是没有什么的;因为他很有蔑视一切的倾向,民众的力量在他是不大觉着的。这时他的心意的活动比较简单,又比较松弱,故事后还怡然自若;我却不能了。这里平伯又比我高了。

在我们谈话中间,又来了两只歌舫。伙计照前一样的请我们点戏,我们照前一样的拒绝了。我受了三次窘,心里的不安更甚了。清艳的夜景也为之减色。船夫大约因为要赶第二趟生意,催着我们回去;我们无可无不可的答应了。我们渐渐和那些晕黄的灯光远了,只有些月色冷清清的随着我们的归舟。我们的船竟没个伴儿,秦淮河的夜正长哩!到大中桥近处,才遇着一只来船。这是一只载妓的板船,黑漆漆的没有一点光。船头上坐着一个妓女;暗里看出,白地小花的衫子,黑的下衣。她手里拉着胡琴,口里唱着青衫的调子。她唱得响亮而圆转;当她的船箭一般驶过去时,余音还袅袅的在我们耳际,使我们倾听而向往。想不到在弩末的游踪里,还能领略到这样的清歌!这时船过大中桥了,森森的水影,如黑暗张着巨口,要将我们的船吞了下去。我们回顾那渺渺的黄光,不胜依恋之情;我们感到了寂寞了!这一段地方夜色甚浓,又有两头的灯火招邀着;桥外的灯火不用说了,过了桥另有东关头疏疏的灯火。我们忽然仰头看见依人的素月,不觉深悔归来之早了!走过东关头,有一两只大船湾泊着,又有几只船向我们来着。嚣嚣的一阵歌声人语,仿佛笑我们无伴的孤舟哩。东关头转湾,河上的夜色更浓了;临水的妓楼上,时时从帘缝里射出一线一线的灯光;仿佛黑暗从酣睡里眨了一眨眼。我们默然的对着,静听那汩——汩的桨声,几乎要入睡了;朦胧里却温寻着适才的繁华的余味。我那不安的心在静里愈显活跃了!这时我们都有了不足之感,而我的更其浓厚。我们却又不愿回去,于是只能由懊悔而怅惘了。船里便满载着怅惘了。直到利涉桥下,微微嘈杂的人声,才使我豁然一惊;那光景却又不同。右岸的河房里,都大开了窗户,里面亮着晃晃的电灯,电灯的光射到水上,蜿蜒曲折,闪闪不息,正如跳舞着的仙女的臂膊。我们的船已在她的臂膊里了;如睡在摇篮里一样,倦了的我们便又入梦了。那电灯下的人物,只觉像蚂蚁一般,更不去萦念。这是最后的梦;可惜是最短的梦!黑暗重复落在我们面前,我们看见傍岸的空船上一星两星的,枯燥无力又摇摇不定的灯光。我们的梦醒了,我们知道就要上岸了;我们心里充满了幻灭的情思。

一九二三年十月十一日作完,于温州
(选自《踪迹》,上海亚东图书馆1924年版)

白 马 湖

今天是个下雨的日子。这使我想起了白马湖;因为我第一回到白马湖,正是微雨飘萧的春日。

白马湖在甬绍铁道的驿亭站是个极小极小的乡下地方。在北方说起这个名字,管保一百个人一百个人不知道。但那却是一个不坏的地方。这名字先就是一个不坏的名字。据说从前(宋时?)有个姓周的骑白马入湖仙去,所以有这个名字。这个故事也是一个不坏的故事。假使你乐意搜集,或也可编成一本小书,交北新书局印去。

白马湖并非圆圆的或方方的一个湖,如你所能想到的,这是曲曲折折大大小小的许多湖的总名。湖水清极了,一点儿不含糊像镜子。沿铁路的水,再没有比这里清的,这是公论。遇到旱年的夏季,别处湖里都长了草,这里却还是一清如故。白马湖最大的,也是最好的一个,便是在我们住过的屋的门前那一个。那个湖不算小,但湖口让两面的山包抄住了。外面只见微微的碧波而已,想不到有那么大的一片。湖的尽里头,有一个三四十户人家的村落,叫做西徐岙,因为姓徐的多。这村落与外面本是不相通的,村里人要出来得撑船。后来春晖中学在湖边造了房子,这才造了两座玲珑的小木桥,筑起一道煤屑路,直通到驿亭车站。那是窄窄的一条人行路,蜿蜒曲折的,路上虽常不见人,走起来却不见寂寞——。尤其在微雨的春天,一个初到的来客,他左顾右盼,是只有觉得热闹的。

春晖中学在湖的最胜处,我们住过的屋也相去不远,是半西式。湖光山色从门里从墙头进来,到我们的窗前,桌上。我们几家接连着;丐翁的家最讲究。屋里有名人字画,有古瓷,有铜佛,院子里满种着花。屋里的陈设又常常变换,给人新鲜的受用。他有这样好的屋子,又是好客如命,我们便不时地上他家里喝老酒。丐翁夫人的烹调也极好,每回总是满满的盘碗拿出来,空空的收回去。白马湖最好的时候是黄昏。湖上的山笼着一层青色的薄雾,在水里映着参差的模糊的影子。水光微微地暗淡,像是一面古铜镜。轻风吹来,有一两缕波纹,但随即平静了。天上偶见几只归鸟;我们看着它们越飞越远,直到不见为止。这个时候便是我们喝酒的时候。我们说话很少;上了灯话才多些,但大家都已微有醉意,是该回家的时候了。若有月光也许还得徘徊一会;若是黑夜,便在暗里摸索醉着回去。

白马湖的春日自然最好。山是青得要滴下来,水是满满的,软软的。小马路的两边,一株间一株地种着小桃与杨柳。小桃上各缀着几朵重瓣的红花,像夜空的疏星。杨柳在暖风里不住地摇曳。在这路上走着,时而听见锐而长的火车的笛声是别有风味的。在春天,不论是晴是雨,是月夜是黑夜,白马湖都好。——雨中田里菜花的颜色最是鲜艳;黑夜虽什么不见,但可静静地受用春天的力量。夏夜也有好处;有月时可以在湖里划小船四面满是青霭。船上望别的村庄,像是蜃楼海市,浮在水上,迷离徜恍的;有时听见人声或犬吠,大有世外之感。若没有月呢,便在田野里看萤火。那萤火不是一星半星的,如你们在城中所见;那是成千成百的萤火。一片飞出来,像金线网似的,又像耍着许多火绳似的。只有一层使我愤恨。那里水田多,蚊子太多,而且几乎全闪闪烁烁是疟蚊子。我们一家都染了疟疾,至今三四年了,还有未断根的。蚊子多足以减少露坐夜谈或划船夜游的兴致,这未免是美中不足了。

离开白马湖是三年前一个冬日。前一晚的"别筵"上,有丏翁与云君。我不能忘记丏翁,那是一个真挚豪爽的朋友。但我也不能忘记云君,我应该这样说,那是一个可爱的——孩子。

七月十四,北平

(选自1929年11月1日《清华周刊》第三十二卷第三期)

冬　天

说起冬天,忽然想到豆腐。是一"小洋锅"(铝锅)白煮豆腐,热腾腾的。水滚着,像好些鱼眼睛,一小块一小块豆腐养在里面,嫩而滑,仿佛反穿的白狐大衣。锅在"洋炉子"(煤油不打气炉)上,和炉子都熏得乌黑乌黑,越显出豆腐的白。这是晚上,屋子老了,虽点着"洋灯",也还是阴暗。围着桌子坐的是父亲跟我们哥儿三个。"洋炉子"太高了,父亲得常常站起来,微微地仰着脸,觑着眼睛,从氤氲的热气里伸进筷子,夹起豆腐,一一地放在我们的酱油碟里。我们有时也自己动手,但炉子实在太高了,总还是坐享其成的多。这并不是吃饭,只是玩儿。父亲说晚上冷,吃了大家暖和些。我们都喜欢这种白水豆腐;一上桌就眼巴巴望着那锅,等着那热气,等着热气里从父亲筷子上掉下来的豆腐。

又是冬天,记得是阴历十一月十六晚上。跟 S 君 P 君在西湖里坐小划子,S 君刚到杭州教书,事先来信说:"我们要游西湖,不管它是冬天。"那晚月色真好;现在想起来还像照在身上。本来前一晚是"月当头";也许十一月的月亮真有些特别吧。那时九点多了,湖上似乎只有我们一只划子。有点风,月光照着软软的水波;当间那一溜儿反光,像新砑的银子。湖上的山只剩了淡淡的影子。山下偶尔有一两星灯火。S君口占两句诗道:"数星灯火认渔村,淡墨轻描远黛痕。"我们都不大说话,只有均匀的桨声。我渐渐地快睡着了。P君"喂"了一下,才抬起眼皮,看见他在微笑。船夫问要不要上净寺去;是阿弥陀佛生日,那边蛮热闹的。到了寺里,殿上灯烛辉煌,满是佛婆念佛的声音,好像醒了一场梦。这已是十多年前的事了,S君还常常通着信,P君听说转变了好几次,前年是在一个特税局里收特税了,以后便没有消息。

在台州过了一个冬天,一家四口子。台州是个山城,可以说在一个大谷里。只有一条二里长的大街。别的路上白天简直不大见人;晚上一片漆黑。偶尔人家窗户里透出一点灯光,还有走路的拿着的火把;但那是少极了。我们住在山脚下。有的是山上松林里的风声,跟天上一只两只的鸟影。夏末到那里,春初便走,却好像老在过着冬天似的;可是即便真冬天也并不冷。我们住在楼上,书房临着大路;路上有人说话,可以清清楚楚地听见。但因为走路的人太少了,间或有点说话的声音,听起来还只当远风送来的,想不到就在窗外。我们是外路人,除上学校去之外,常只在家里坐着。妻也惯了那寂寞,只和我们爷儿们守着。外边虽老是冬天,家里却老是春天。有一回我上街去,回来的时候,楼下厨房的大方窗开着,并排地挨着她们母子三个;三张脸都带着天真微笑的向着我。似乎台州空空的,只有我们四人;天地空空的,也只有我们四人。那时是民国十年,妻刚从家里出来,满自在。现在她死了快四年了,我却还老记着她那微笑的影子。

无论怎么冷,大风大雪,想到这些,我心上总是温暖的。

(选自《你我》,商务印书馆1936年版)

怎样学习国文

——在昆明中法中学讲演

国文这科,在学校里是一种重要的功课,与英算居同等的地位。可是现在呢?国文只是名义上的重要了,其主要的原因,就是一般学生存着错误的观念,以为我们是中国人,学中国文,当然是容易的,于是多半对这门功课,不很用功。无论白话文也罢,文言文也罢,在学习的时候,往往词不达意的地方很多,这就是没有对国文这科下过一番功夫的缘故。

最近的舆论,以为中学生的国文程度很低落。这种低落,指的是那方面?所谓低落,若是在文言文这方面,确实是比较低落,尤其是近十余年来,中学生学做文言,许多地方真是不通。读文言的能力也不够。但从做白话文这方面来说,一般的标准是大大的进步了,对于写景,抒情的能力,尤其非常的可观。可是除此而外,以白话写议论文及应用文的能力,却非常的落后。

中学生对于"读"的功夫是太差了,现在把"读"的意义,简单的说一说。"读"这方面,它是包含着了解的程度,及欣赏的程度。就像看一张图画,你觉得它确实太好了,但问你好到什么境地,那么得由你自己去体会,从体会的能力,就见出欣赏的深浅。

古人作一篇文章,他是有了浓厚的感情,发自他的胸府,才用文字表现出来的。在文字里隐藏着他的灵魂,使旁人读了能够与作者共感共鸣。我们现在读文言,是因为时间远隔,古今语法不同,词汇差别很大,你能否从文字中体会古人的感情呢?这需要训练,需要用心,慢慢的去揣摩古人的心怀,然后才发现其中的奥蕴,这就是一般人觉得文言文了解的程度,比白话文实在是难的地方。

再进一步,可以说,白话与文言固然不同,白话与口语,又何尝一致呢?在五四运动的时候,有人提出口号:"文语一致"。这只是理想而已。"文"是许多字句组织起来的,"语"则不然,说话的时候,有声调,快慢,动作等因素来帮助它,可以随便的说,只要使对方的人能够了解。总之,"语"确实是比"文"容易。

文言文,大学生与中学生都不大喜欢读的,大半因为文言文中的词汇不容易了解,譬如文言文中的"吾谁欺?"在白话文中是"我欺负那一个?"的意思。如果你不了解古代文法,也许会想到别的意义上去,然而只要多读它几遍,多体会一下,了解的程度就不同;所以"读"的功夫,我是以为非常重要的。

我们之所以对于典籍冷淡，另一方面，是因为它里面的事实，与我们现在不同。电影汽车飞机等类，在古代书籍中就见不到。反之，古代许多事物在我们现在也无从看到，譬如官制，礼节，服装等等，必须考据才能知道，这都阻碍我们阅读的兴趣。然而，只要用心，是没有什么困难不可以克服的。

生在民国的人们，学做文章，便不须要像做古文那样费很大的力量，只要你多读近代的作品，欣赏过近代的文学作品，博览过近代的翻译书籍，文学名著，那么，你写的文章，也可以很通顺，这是不用举例证明的。文言文中的应用文，再过二十年，必定也要达到被废弃的境地，因为白话文的势力，渐渐的侵入往来的公文中，交际的信函中了。

由于文言文在日常应用上渐渐的失去效用，我们对于过去用文言文写的典籍，便漠不关心，这是错误的思想。因为我们过去的典籍，我们阅读它，研究它，可以得到古代的学术思想，了解古代的生活状况，这便是中国人对于中国历史认识的任务，你多读文言，多研究历史，典籍，古文，这阅读工作的本身就是值得尊重的！

读文言最难的一步工作，是须要查字典，找考证，死记忆，有一种人图省事，对这步工作疏忽，囫囵吞枣的读下去，还自号"不求甚解"，这种态度，太错误了。假若我们模仿陶渊明的"好读书，不求甚解"的态度，那是有害无益的。他的不求甚解，是因为学问已经很渊博了，隐居时才自称"不求甚解"的，这句话含着他的人生观，青年人是万万不能从表面去仿效的。如果你以为他的不求甚解,就是马虎过去的意思,那么你非但没有了解"不求甚解"这句话的意义,对于你所读的书,就更无从了解。

碰见文言中不懂的词汇,除了请教国文老师而外,必须自己去查字典,以求"甚解"。如文言中的"驰骋文场"这成语,有一个人译到外国去是"人在书堆里跑马"的意思,这岂不是笑话吗?又如"巨擘",原意是指拇指叫做巨擘,而它普通的意义是用来表扬"第一等"或"刮刮叫"等意义的赞语,这些地方就得留神,才不会出错。再举一例:

> 白日依山尽,黄河入海流,欲穷千里目,更上一层楼。

它在辞句上直接表示的意境已非常优美,但这首诗更说出另一种道理,它暗示人生,必须往高处走。所以我们读这首诗的时候,最要紧的是要懂得"言外之意"。又如下例:

> 铜炉在向往深山的矿苗,瓷壶在向往江边的陶泥……

这两句新诗,它的含意似乎更深了,有些人不解,但如果读了全文,便知道是非常容易明白的话。由此可见,诗里含着高尚的感情,要你多欣赏,多诵读,必能了解得更深刻。

此外关于了解文章的组织,也是必须的,须得把每篇文章做大纲,研究它怎样发展出来,中心在那里,还要注意它表面的秩序,这种功夫,须得从现在就养成习惯,训练这种精神。

最后，我要告诉大家的，是关于写作方面，那你必须了解"创作"与"写作"的性质是不同的。自五四运动以后，许多人都希望成为一个作家，可是在今天，我们所能看见成功了的，出名的，确是寥寥无几。推究失败的原因，是到处滥用文学的感情和用语，时时借文字发泄感情，文学的成分太多了，不能恰到好处，反而失去文学真正的意义。

来纠正我们这些坏习惯，必须从报章文体学习。而我们更要学写议论文，从小的范围着手，拣与实际生活有密切关系的问题练习写，像关于学校中的伙食问题，你抓住要点，清清楚楚的写出来，即是有条理的文章。新闻事业在今世突飞猛进，发展的速度，可以超乎其他文体之上，因为它是简捷而扼要。这种文体，我希望大家能努力去学。与其想成功一个文学家，不如学做一个切切实实的新闻记者。

（选自 1945 年 4 月 20 日《国文杂志》第三卷第三期）

文学的标准和尺度

我们说"标准",有两个意思。一是不自觉的,一是自觉的。不自觉的是我们接受的传统的种种标准。我们应用这些标准衡量种种事物种种人,但是对这些标准本身并不怀疑,并不衡量,只照样接受下来,作为生活的方便。自觉的是我们修正了的传统的种种标准,以及采用的外来的种种标准。这种种自觉的标准,在开始出现的时候大概多少经过我们的衡量;而这种衡量是配合着生活的需要的。本文只称不自觉的种种标准为"标准",改称种种自觉的标准为"尺度"。来显示这两者的分别。"标准"原也离不了尺度,但尺度似乎不像标准那样固定;近来常说"放宽尺度",既然可以"放宽",就不是固定的了。这种"标准"和"尺度"的分别,在一个变得快的时代最容易觉得出;在道德方面在学术方面如此,在文学方面也如此。

中国传统的文学以诗文为正宗,大多数出于士大夫之手。士大夫配合君主掌握着政权。做了官是大夫,没有做官是士；士是候补的大夫。君主士大夫合为一个封建集团，他们的利害是共同的。这个集团的传统的文学标准，大概可用"儒雅风流"一语来代表。载道或言志的文学以"儒雅"为标准，缘情与隐逸的文学以"风流"为标准。有的人"达则兼济天下，穷则独善其身"，表现这种情志的是载道或言志。这个得有"正其谊不谋其利，明其道不计其功"的抱负，得有"怨而不怒""温柔敦厚"的涵养，得用"镕经铸史""含英咀华"的语言。这就是"儒雅"的标准。有的人纵情于醇酒妇人，或寄情于田园山水，表现这种种情志的是缘情或隐逸之风。这个得有"妙赏""深情"和"玄心"，也得用"含英咀华"的语言。这就是"风流"的标准。（关于"风流"的解释，用冯友兰先生语，见《论风流》一文中）

在现阶段看整个的传统的文学，我们可以说"儒雅风流"是标准。但是看历代文学的发展，中间还有许多变化。即如诗本是"言志"的，陆机却说"诗缘情而绮靡"。"言志"其实就是"载道"，与"缘情"大不相同。陆机实在是用了新的尺度。"诗言志"这一个语在开始出现的时候，原也是一种尺度；后来得到公认而流传，就成为一种标准。说陆机用了新的尺度，是对"诗言志"那个旧尺度而言。这个新尺度后来也得到公认而流传，成为又一种标准。又如南朝文学的求新，后来文学的复古，其实都是在变化；在变化的时候也都是用着新的尺度。固然这种新尺度大致只伸缩于"儒雅"和"风流"两种标准之间，但是每回伸缩的长短不同，疏密不同，各有各的特色。文学史的扩展从这种种尺度里见出。

这种尺度表现在文论和选集里,也就是表现在文学批评里。中国的文学批评以各种形式出现。魏文帝的《论文》是在一般学术的批评的《典论》里,陆机《文赋》也许可以说是独立的文学批评的创始,他将文作为一个独立的课题来讨论。此后有了选集,这里面分别体类,叙述源流,指点得失,都是批评的工作。又有了《文心雕龙》和《诗品》两部批评专著。还有史书的文学传论,别集的序跋和别集中的书信。这些都是比较有系统的文学批评,各有各的尺度。这些尺度有的依据着"儒雅"那个标准,结果就是复古的文学,有的依据着"风流"那个标准,结果就是标新的文学。但是所谓复古,其实也还是求变化求新异;韩愈提倡古文,却主张务去陈言,戛戛独造,是最显著的例子。古文运动从独造新语上最见出成绩来。胡适之先生说文学革命都从文字或文体的解放开始,是有道理的,因为这里最容易见出改变了的尺度。现代语体文学是标新的,不是复古的,却也可以说是从文字或文体的解放开始,就从这语体上,分明的看出我们的新尺度。

这种语体文学的尺度,如一般人所公认,大部分是受了外国的影响,就是依据着种种外国的标准。但是我们的文学史中原也有这样一股支流,和那正宗的或主流的文学由分而合的相配而行。明代的公安派和竟陵派自然是这支流的一段,但这支流的渊源很古久,截取这一段来说是不正确的。汉以前我们的言和文比较接近,即使不能说是一致。

从孔子"有教无类"起,教育渐渐开放给平民,受教育的渐渐多起来。这种受了教育的人也称为"士",可是跟从前贵族的士不同,这些只是些"读书人"。士的增多影响了语言和文体,话要说得明白,说得详细,当时的著述是说话的纪录,自然也是这样。这里面该有平民语调的参入,虽然我们不能确切的指出。汉代辞赋发达,主要的作为宫廷文学;后来变为远于说话的骈俪的体制,士大夫就通用这种体制。可是另一方面,游历了通都大邑名山大川的司马迁,却还用那近乎说话的文体作《史记》,古里古怪的杨雄跟"问孔""刺孟"的王充,也还用这种文体作《法言》和《论衡》;而乐府诗来自民间,不用问更近于说话。可见这种文体是废不掉的。就是骈俪文盛行的时代,也还有《世说新语》,记录那时代的说话。到了唐代的韩愈,提倡"气盛言宜"的古文,"气盛言宜"就是说话的调子,至少是近于说话的调子,还有语录和笔记,起于唐而盛于宋,还有来自民间的词,这些也都用着说话或近于说话的调子。东汉以来逐渐建立起来的门阀,到了唐代中叶垮了台,"寻常百姓"的士又增多起来,加上宋代印刷和教育的发达,所以那种详明如话的文体就大大的发达了。到了元明两代,又有了戏曲和小说,更是以说话体就是语体为主。公安派竟陵派接受了这股支流,努力想将它变成主流,但是这一个尝试失败了。直到现代,一个新的尝试才完成了语体文学,新文学,也就是现代文学。

从以上一段语体文学发展的简史里可以看出种种伸缩

的尺度。这些尺度大体上固然不出乎"儒雅"和"风流"那两个标准,可是像语录和笔记,有些恐怕只够"儒"而不够"雅",有些恐怕既不够"儒"也不够"雅",不够"雅"因为用俗语或近乎俗语,不够"儒"因为只是一些细事,无关德教,也与风流不相干。汉乐府跟《世说新语》也用俗语,虽然现在已将那些俗语看作了古典。戏曲和小说有的别忠奸,寓劝惩,叙风流,固然够得上标准,有的却不够儒雅,不算风流。在过去的文学传统里,这两种本没有地位,所谓不在话下。不过我们现在得给这些不够格的分别来个交代。我们说戏曲和小说可以见人情物理,这可以叫做"观风"的尺度。《礼记》里说诗可以"观民风";可以观风,也就拐了弯儿达到了"儒雅"那个标准。戏曲和小说不但可以观民风,还可以观士风,而观风就是写实,就是反映社会,反映时代。这是社会的描写,时代的纪录。在我们看来,用不着再绕到"儒雅"那个标准之下,就足够存在的理由了。那些无关政教也不算风流的笔记,也可以这么看。这个"人情物理"或"观风"的尺度原是依据了"儒雅"那个标准定出来的,可是唐代中叶以后,这个尺度似乎已经暗地里独立运用,这已经不是上德化下的尺度而是下情上达的尺度了。人民参加着定了这个尺度,而俗语的参入文学,正与这个尺度配合着。

说是人民参加着订定文学的尺度,如上文所提到的,该起于春秋末年贵族渐渐没落平民渐渐兴起的时候。这些受了教育的平民加入了统治集团,多少还带着他们的情感和语言。这种新的士流日渐增加,自然就影响了文化的面目乃至精神。汉乐府的搜集与流行，就在这样氛围之中。《韩诗》解《伐木》一篇说到"饥者歌其食，劳者歌其事"。"饥者歌其食，劳者歌其事"正是"人情物理"，正是"观风"，这说明了三百篇诗的一些诗，也说明了乐府里的一些诗。"饥者歌其食，劳者歌其事"，自然周代的贵族也会如此的，可是这两句话带着浓重的平民的色彩；配合着语言的通俗，尤其可以见出。这就是前面说的"参加"，这参加倒是不自觉的。但那"人情物理"或"观风"的尺度的订定却是自觉的。汉以来的社会是士民对立，同时也是士民流通。《世说新语》里纪录一些俗语，取其自然。在"风流"的标准下，一般的固然以"含英咀华"的语言为主，但是到了这时代稍加改变，取了"自然"这个尺度，也不足为怪的。

唐代中叶以后，士民间的流通更自由了，士人是更多了。于是乎"人情物理"的著作也更多。元代蒙古人压迫汉人，士大夫的地位降低下去。真正领导文坛的是一些吏人以及"书会先生"。他们依据了"人情物理"的尺度作了许多戏曲，明代士大夫的地位高了些，但是还在暴君压制之下。他们这时却恢复了文坛的领导权，他们可也在作戏曲，并且在提倡小说，作小说了。公安派竟陵派就是受了这种风气的影响而形成的。清代士大夫的地位又高了些，但是又在外族统治之下，还不能恢复元代以前的地位。他们也在作戏曲和小说，可是戏曲和小说始终还是小道，不能跟诗文并列为正宗。"人情物理"还是一种尺度，不能成为标准。但是平民对文学的影响确乎渐渐在扩大。原来士民的对立并不是严格的。尤其在文学上,平民所表现的生活还是以他们所"不能至而心向往之"的士大夫生活为标准。他们受自己的生活折磨够了,只羡慕着士大夫的生活,可又只能耐着苦羡慕着,不知道怎样用行动去争取,至多是表现在他们的文学就是民间文学里;低级趣味是免不了的,但那时他们的理想是爬上高处去。这样,士大夫的文学接受他们的影响,也算是个顺势。虽然"人情物理"和"通俗"到清代还没有成为标准,可是"自然"这尺度从晋代以来已经渐渐成为一种标准。这究竟显出了人民的力量。

大清帝国改了中华民国,新文化运动新文学运动配合着五四运动画出了一个新时代。大家拥戴的是"德先生"和"赛先生",就是民主与科学。但是实际上做到的是打倒礼教也就是反封建的工作。反封建解放了个人,也发现了民众,于是乎有了个人主义和人道主义;前者是实践,后者还是理论。这里得指出在那个阶段上,我们是接受了种种外国标准,而向现代化进行着。这时的社会已经不是士民的对立,而是封建的军阀官僚和人民的对立。从清末开设学校,受教育的人大量增多。士或读书人渐渐变了质;到这时一部分成为军阀和官僚的帮闲,大部分却成了游离的知识阶级。知识阶级从军阀和官僚独立,却还不能跟民众联合起来,所以是游离着。这里面大部分是青年学生。这时候的文学是语体文学,开始似乎是应用着"人情物理""通俗"那两个尺度以及"自然"那个标准。然而"人情物理"变了质成为"打倒礼教"就是"反封建"也就是"个人主义"这个标准,"通俗"和"自然"也让步给那"欧化"的新尺度;这"欧化"的尺度后来并且也成了标准。用欧化的语言表现个人主义,顺带着人道主义,是这时期知识阶级向着现代化的路。

五卅运动接着国民革命,发展了反帝国主义运动;于是"反帝国主义"也成了文学的一种尺度。抗战起来了,"抗战"立即成了一切的标准,文学自然也在其中。胜利却带来了一个动乱时代,民主运动发展,"民主"成了广大应用的尺度,文学也在其中。这时候知识阶级渐渐走近了民众,"人道主义"那个尺度变质成为"社会主义"的尺度,"自然"又调剂着"欧化",这样与"民主"配合起来。但是实际上做到的还只是暴露丑恶和斗争丑恶。这是向着新社会发脚的路。受教育的越来越多,这条路上的人也将越来越多,文学终于要配合上那新的"民主"的尺度向前迈进的。大概文学的标准和尺度的变换,都与生活配合着,采用外国的标准也如此。表面上好像只是求新,其实求新是为了生活的高度深度或广度。社会上存在着特权阶级的时候,他们只见到高度和深度;特权阶级垮台以后,才能见到广度。从前有所谓雅俗之分,现在也还有低级趣味,就是从高度深度来比较的。可是现在渐渐强调广度,去配合着高度深度,普及同时也提高,这才是新的"民主"的尺度。要使这新尺度成为文学的新标准,还有待于我们自觉的努力。

(选自《标准与尺度》,文光书店 1948 年版)

古文学的欣赏

新文学运动开始的时候,胡适之先生宣布"古文"是"死文学",给它撞丧钟,发讣闻。所谓"古文",包括正宗的古文学。他是教人不必再做古文,却显然没有教人不必阅读和欣赏古文学。可是那时提倡新文化运动的人如吴稚晖、钱玄同两位先生,却教人将线装书丢在毛厕里。后来有过一回"骸骨的迷恋"的讨论也是反对做旧诗,不是反对读旧诗。但是两回反对读经运动却是反对"读"的。反对读经,其实是反对礼教,反对封建思想;因为主张读经的人是主张传道给青年人,而他们心目中的道大概不离乎礼教,不离乎封建思想。强迫中小学生读经没有成为事实,却改了选读古书,为的了解"固有文化"。为了解固有文化而选读古书,似乎是国民分内的事,所以大家没有说话。可是后来有了"本位文化"论,引起许多人的反感;本位文化论跟早年的保存国粹论同而不同,这不是残余的而是新兴的反动势力。这激起许多人,特别是青年人,反对读古书。

可是另一方面,在本位文化论之前有过一段关于"文学遗产"的讨论。讨论的主旨是如何接受文学遗产,倒不是扬弃它;自然,讨论到"如何"接受,也不免有所分别扬弃的。讨论似乎没有多少具体的结果,但是"批判的接受"这个广泛的原则,大家好像都承认。接着还有一回范围较小,性质相近的讨论。那是关于《庄子》和《文选》的。说《庄子》和《文选》的词汇可以帮助语体文的写作,的确有些不切实际。接受文学遗产若从"做"的一面看,似乎只有写作的态度可以直接供我们参考,至于篇章字句,文言语体各有标准,我们尽可以比较研究,却不能直接学习。因此许多大中学生厌弃教本里的文言,认为无益于写作;他们反对读古书,这也是主要的原因之一。但是流行的作文法,修辞学,文学概论这些书,举例说明,往往古今中外兼容并包;青年人对这些书里的"古文今解"倒是津津有味的读着,并不厌弃似的。从这里可以看出青年人虽然不愿信古,不愿学古,可是给予适当的帮助,他们却愿意也能够欣赏古文学,这也就是接受文学遗产了。

说到古今中外,我们自然想到翻译的外国文学。从新文学运动以来,语体翻译的外国作品数目不少,其中近代作品占多数;这几年更集中于现代作品,尤其是苏联的。但是希腊罗马的古典,也有人译,有人读,直到最近都如此。莎士比亚至少也有两种译本。可见一般读者(自然是青年人多),对外国的古典也在爱好着。可见只要能够让他们接近,他们似乎是愿意接受文学遗产的,不论中外。而事实上外国的古典倒容易接近些。有些青年人以为古书古文学里的生活跟现代隔得太远,远得渺渺茫茫的,所以他们不能也不愿接受那些。但是外国古典该隔得更远了,怎么事实上倒反容易接受些呢？我想从头来说起,古人所谓"人情不相远"是有道理的。尽管社会组织不一样,尽管意识形态不一样,人情总还有不相远的地方。喜怒哀乐爱恶欲总还是喜怒哀乐爱恶欲,虽然对象不尽同,表现也不尽同。对象和表现的不同,由于风俗习惯的不同;风俗习惯的不同,由于地理环境和社会组织的不同。使我们跟古代跟外国隔得远的,就是这种种风俗习惯;而使我们跟古文学跟外国文学隔得远的尤其是可以算做风俗习惯的一环的语言文字。语体翻译的外国文学打通了这一关,所以倒比古文学容易接受些。

人情或人性不相远,而历史是连续的,这才说得上接受古文学。但是这是现代,我们有我们的立场。得弄清楚自己的立场,再弄清楚古文学的立场,所谓"知己知彼",然后才能分别出那些是该扬弃的,那些是该保留的。弄清楚立场就是清算,也就是批判;"批判的接受"就是一面接受着,一面批判着。自己有立场,却并不妨碍了解或认识古文学,因为一面可以设身处地为古人着想,一面还是可以回到自己立场上批判的。这"设身处地"是欣赏的重要的关键,也就是所谓"感情移入"。个人生活在群体中,多少能够体会别人,多少能够为别人着想。关心朋友,关心大众,恕道和同情,都由于设身处地为别人着想;甚至"替古人担忧"也由于此。演戏,看戏,一是设身处地的演出,一是设身处地的看人。做人不要做坏人,做戏有时候却得做坏人。看戏恨坏人,有的人竟会丢石子甚至动手去打那戏台上的坏人。打起来确是过了分,然而不能不算是欣赏那坏人做得好,好得教这种看戏的忘了"我"。这种忘了"我"的人显然没有在批判着。有批判力的就不至如此,他们欣赏着,一面常常回到自己,自己的立场。欣赏跟行动分得开,欣赏有时可以影响行动,有时可以不影响,自己有分寸,做得主,就不至于糊涂了。读了武侠小说就结伴上峨眉山,的确是糊涂。所以培养欣赏力同时得培养批判力;不然,"有毒的"东西就太多了。然而青年人不愿意接受有些古书和古文学,倒不一定是怕那"毒",他们的第一难关还是语言文字。

打通了语言文字这一关,欣赏古文学的就不会少,虽然不会赶上欣赏现代文学的多。语体翻译的外国古典可以为证。语体的旧小说如《水浒传》《西游记》《红楼梦》《儒林外史》,现在的读者大概比二三十年前要减少了,但是还拥有相当广大的读众。这些人欣赏打虎的武松,焚稿的林黛玉,却一般的未必崇拜武松,尤其未必崇拜林黛玉。他们欣赏武松的勇气和林黛玉的痴情,却嫌武松无知识,林黛玉不健康。欣赏跟崇拜也是分得开的。欣赏是情感的操练,可以增加情感的广度、深度,也可以增加高度。欣赏的对象或古或今,或中或外,影响行动或浅或深,但是那影响总是间接的;直接的影响是在情感上。有些行动固然可以直接影响情感,但是欣赏的机会似乎更容易得到些。要培养情感,欣赏的机会越多越好；就文学而论，古今中外越多能欣赏越好。这其间古文学和外国文学都有一道难关，语言文字。外国文学可用语体翻译，古文学的难关该也不难打通的。

我们得承认古文确是"死文字"，死语言，跟现在的语体或白话不是一种语言。这样看，打通这一关也可以用语体翻译。这办法早就有人用过，现代也还有人用着。记得清末有一部《古文析义》，每篇古文后边有一篇白话的解释，其实就是逐句的翻译。那些翻译够清楚的，虽然啰唆些。但是那只是一部不登大雅之堂的启蒙书，不会引起人们注意。五四运动以后，整理国故引起了古书今译。顾颉刚先生的《盘庚篇今译》（见《古史辨》），最先引起我们的注意。他是要打破古书奥妙的气氛，所以将《尚书》里诘屈聱牙的这《盘庚》三篇用语体译出来，让大家看出那"鬼治主义"的把戏。他的翻译很谨严，也够确切；最难得的，又是三篇简洁明畅的白话散文，独立起来看，也有意思。近来郭沫若先生在《由周代农事诗论到周代社会》一文（见《青铜时代》）里翻译了《诗经》的十篇诗，风雅颂都有。他是用来论周代社会的，译文可也都是明畅的素朴的白话散文诗。此外还有将《诗经》《楚辞》和《论语》作为文学来今译的，都是有意义的尝试。这种翻译的难处在乎译者的修养；他要能够了解古文学，批判古文学，还要能够照他所了解与批判的译成艺术性的或有风格的白话。

翻译之外，还有讲解，当然也是用白话。讲解是分析原文的意义并加以批判，跟翻译不同的是以原文为主。笔者在《国文月刊》里写的《古诗十九首集释》,叶绍钧先生和笔者合作的《精读指导举隅》(其中也有语体文的讲解),浦江清先生在《国文月刊》里写的《词的讲解》,都是这种尝试。有些读者嫌讲得太琐碎,有些却愿意细心读下去。还有就是白话注释,更是以读原文为主。这虽然有人试过,如《论语白话注》之类,可只是敷衍旧注,毫无新义,那注文又啰里啰唆的。现在得从头做起,最难的是注文用的白话,现行的语体文里没有这一体,得创作,要简明朴实。选出该注释的词句也不易,有新义更不易。此外还有一条路,可以叫做拟作。谢灵运有《拟魏太子邺中集》,综合的拟写建安诗人,用他们的口气作诗。江淹有《杂拟诗》三十首,也是综合而扼要的分别拟写历代无名的五言诗人,也用他们自己的口气。这是用诗来拟诗。英国麦克士·比罗姆著《圣诞花环》,却以圣诞节为题用散文来综合的扼要拟写当代各个作家。他写照了各个作家,也写照了自己。我们不妨如法泡制,用白话来尝试。以上四条路都通到古文学的欣赏;我们要接受古代作家文学遗产,就可以从这些路子走近去。

(选自《标准与尺度》,文光书店 1948 年版)

论雅俗共赏

陶渊明有"奇文共欣赏,疑义相与析"的诗句,那是一些"素心人"的乐事,"素心人"当然是雅人,也就是士大夫。这两句诗后来凝结成"赏奇析疑"一个成语,"赏奇析疑"是一种雅事,俗人的小市民和农家子弟是没有份儿的。然而又出现了"雅俗共赏"这一个成语,"共赏"显然是"共欣赏"的简化,可是这是雅人和俗人或俗人跟雅人一同在欣赏,那欣赏的大概不会还是"奇文"罢。这句成语不知道起于什么时代,从语气看来,似乎雅人多少得理会到甚至迁就着俗人的样子,这大概是在宋朝或者更后罢。

原来唐朝的安史之乱可以说是我们社会变迁的一条分水岭。在这之后,门第迅速的垮了台,社会的等级不像先前那样固定了,"士"和"民"这两个等级的分界不像先前的严格和清楚了,彼此的分子在流通着,上下着。而上去的比下来的多,士人流落民间的究竟少,老百姓加入士流的却渐渐多起来。王侯将相早就没有种了,读书人到了这时候也没有种了;只要家里能够勉强供给一些,自己有些天分,又肯用功,就是个"读书种子";去参加那些公开的考试,考中了就有官做,至少也落个绅士。这种进展经过唐末跟五代的长期的变乱加了速度,到宋朝又加上印刷术的发达,学校多起来了,士人也多起来了,士人的地位加强,责任也加重了。这些士人多数是来自民间的新的分子,他们多少保留着民间的生活方式和生活态度。他们一面学习和享受那些雅的,一面却还不能摆脱或蜕变那些俗的。人既然很多,大家是这样,也就不觉其寒尘;不但不觉其寒尘,还要重新估定价值,至少也得调整那旧来的标准与尺度。"雅俗共赏"似乎就是新提出的尺度或标准,这里并非打倒旧标准,只是要求那些雅士理会到或迁就些俗士的趣味,好让大家打成一片。当然,所谓"提出"和"要求",都只是不自觉的看来是自然而然的趋势。

中唐的时期,比安史之乱还早些,禅宗的和尚就开始用口语记录大师的说教。用口语为的是求真与化俗,化俗就是争取群众。安史乱后,和尚的口语记录更其流行,于是乎有了"语录"这个名称,"语录"就成为一种著述体了。到了宋朝,道学家讲学,更广泛的留下了许多语录;他们用语录,也还是为了求真与化俗,还是为了争取群众。所谓求真的"真",一面是如实和直接的意思。禅家认为第一义是不可说的,语言文字都不能表达那无限的可能,所以是虚妄的。然而实际上语言文字究竟是不免要用的一种"方便",记录的文字自然越近实际的、直接的说话越好。在另一面这

"真"又是自然的意思,自然才亲切,才让人容易懂,也就是更能收到化俗的功效,更能获得广大的群众。道学主要的是中国的正统的思想,道学家用了语录做工具,大大的增强了这种新的文体的地位,语录就成为一种传统了。比语录体稍稍晚些,还出现了一种宋朝叫做"笔记"的东西。这种作品记述有趣味的杂事,范围很宽,一方面发表作者自己的意见,所谓议论,也就是批评,这些批评往往也很有趣味。作者写这种书,只当做对客闲谈,并非一本正经,虽然以文言为主,可是很接近说话。这也是给大家看的,看了可以当做"谈助",增加趣味。宋朝的笔记最发达,当时盛行,流传下来的也很多。目录家将这种笔记归在"小说"项下,近代书店汇印这些笔记,更直题为"笔记小说";中国古代所谓"小说",原是指记述杂事的趣味作品而言的。

那里我们得特别提到唐朝的"传奇"。"传奇"据说可以见出作者的"史才、诗笔、议论",是唐朝士子在投考进士以前用来送给一些大人先生看,介绍自己,求他们给自己宣传的。其中不外乎灵怪、艳情、剑侠三类故事,显然是以供给"谈助",引起趣味为主。无论照传统的意念,或现代的意念,这些"传奇"无疑的是小说,一方面也和笔记的写作态度有相类之处。照陈寅恪先生的意见,这种"传奇"大概起于民间,文士是仿作,文字里多口语化的地方。陈先生并且说唐朝的古文运动就是从这儿开始。他指出古文运动的领导者韩愈的《毛颖传》,正是仿"传奇"而作。我们看韩愈的"气盛言宜"的理论和他的参差错落的文句,也正是多多少少在口语化。他的门下的"好难""好易"两派,似乎原来也都是在试验如何口语化。可是"好难"的一派过分强调了自己,过分想出奇制胜,不管一般人能够了解欣赏与否,终于被人看做"诡"和"怪"而失败,于是宋朝的欧阳修继承了"好易"的一派的努力而奠定了古文的基础。——以上说的种种,都是安史乱后几百年间自然的趋势,就是那雅俗共赏的趋势。

宋朝不但古文走上了"雅俗共赏"的路,诗也走向这条路。胡适之先生说宋诗的好处就在"做诗如说话",一语破的指出了这条路。自然,这条路上还有许多曲折,但是就像不好懂的黄山谷,他也提出了"以俗为雅"的主张,并且点化了许多俗语成为诗句。实践上"以俗为雅",并不从他开始,梅圣俞苏东坡都是好手,而苏东坡更胜。据记载梅和苏都说过"以俗为雅"这句话,可是不大靠得住;黄山谷却在《再次杨明叔韵》一诗的"引"里郑重的提出"以俗为雅,以故为新",说是"举一纲而张万目"。他将"以俗为雅"放在第一,因为这实在可以说是宋诗的一般作风,也正是"雅俗共赏"的路。但是加上"以故为新",路就曲折起来,那是雅人自赏,黄山谷所以终于不好懂了。不过黄山谷虽然不好懂,宋诗却终于回到了"做诗如说话"的路,这"如说话",的确是条大路。

雅化的诗还不得不回向俗化,刚刚来自民间的词,在当时不用说自然是"雅俗共赏"的。别瞧黄山谷的有些诗不好懂,他的一些小词可够俗的。柳耆卿更是个通俗的词人。

词后来虽然渐渐雅化或文人化,可是始终不能雅到诗的地位,它怎么着也只是"诗余"。词变为曲,不是在文人手里变,是在民间变的;曲又变得比词俗,虽然也经过雅化或文人化,可是还雅不到词的地位,它只是"词余"。一方面从晚唐和尚的俗讲演变出来的宋朝的"说话"就是说书,乃至后来的平话以及章回小说,还有宋朝的杂剧和诸宫调等等转变成功的元朝的杂剧和戏文,乃至后来的传奇,以及皮簧戏,更多半是些"不登大雅"的"俗文学"。这些除元杂剧和后来的传奇也算是"词余"以外,在过去的文学传统里简直没有地位;也就是说这些小说和戏剧在过去的文学传统里多半没有地位,有些有点地位,也不是正经地位。可是虽然俗,大体上却"俗不伤雅",虽然没有什么地位,却总是"雅俗共赏"的玩艺儿。

"雅俗共赏"是以雅为主的,从宋人的"以俗为雅"以及常语的"俗不伤雅",更可见出这种宾主之分。起初成群俗士蜂拥而上,固然逼得原来的雅士不得不理会到甚至迁就着他们的趣味,可是这些俗士需要摆脱的更多。他们在学习,在享受,也在蜕变,这样渐渐适应那雅化的传统,于是乎新旧打成一片,传统多多少少变了质继续下去。前面说过的文体和诗风的种种改变,就是新旧双方调整的过程,结果迁就的渐渐不觉其为迁就,学习的也渐渐习惯成了自然,传统的确稍稍变了质,但是还是文言或雅言为主,就算跟民众近了一些,近得也不太多。

至于词曲,算是新起于俗间,实在以音乐为重,文辞原是无关轻重的;"雅俗共赏",正是那音乐的作用。后来雅士们也曾分别将那些文辞雅化,但是因为音乐性太重,使他们不能完成那种雅化,所以词曲终于不能达到诗的地位。而曲一直配合着音乐,雅化更难,地位也就更低,还低于词一等。可是词曲到了雅化的时期,那"共赏"的人却就雅多而俗少了。真正"雅俗共赏"的是唐、五代、北宋的词,元朝的散曲和杂剧,还有平话和章回小说以及皮簧戏等。皮簧戏也是音乐为主,大家直到现在都还在哼着那些粗俗的戏词,所以雅化难以下手,虽然一二十年来这雅化也已经试着在开始。平话和章回小说,传统里本来没有,雅化没有合式的榜样,进行就不易。《三国演义》虽然用了文言,却是俗化的文言,接近口语的文言,后来的《水浒》《西游记》《红楼梦》等就都用白话了。不能完全雅化的作品在雅化的传统里不能有地位,至少不能有正经的地位。雅化程度的深浅,决定这种地位的高低或有没有,一方面也决定"雅俗共赏"的范围的小和大——雅化越深,"共赏"的人越少,越浅也就越多。所谓多少,主要的是俗人,是小市民和受教育的农家子弟。在传统里没有地位或只有低地位的作品,只算是玩艺儿;然而这些才接近民众,接近民众却还能教"雅俗共赏",雅和俗究竟有共通的地方,不是不相理会的两橛了。

单就玩艺儿而论,"雅俗共赏"虽然是以雅化的标准为主,"共赏"者却以俗人为主。固然,这在雅方得降低一些,在俗方也得提高一些,要"俗不伤雅"才成;雅方看来太俗,以至于"俗不可耐"的,是不能"共赏"的。但是在甚么条件之下才会让俗人所"赏"的,雅人也能来"共赏"呢?我们想起了"有目共赏"这句话。孟子说过"不知子都之姣者,无目者也","有目"是反过来说,"共赏"还是陶诗"共欣赏"的意思。子都的美貌,有眼睛的都容易辨别,自然也就能"共赏"了。孟子接着说:"口之于味也,有同嗜焉;耳之于声也,有同听焉;目之于色也,有同美焉。"这说的是人之常情,也就是所谓人情不相远。但是这不相远似乎只限于一些具体的、常识的、现实的事物和趣味。譬如北平罢,故宫和颐和园,包括建筑,风景,和陈列的工艺品,似乎是"雅俗共赏"的,天桥在雅人的眼中似乎就有些太俗了。说到文章,俗人所能"赏"的也只是常识的,现实的。后汉的王充出身是俗人,他多多少少代表俗人说话,反对难懂而不切实用的辞赋,却赞美公文能手。公文这东西关系雅俗的现实利益,始终是不曾完全雅化了的。再说后来的小说和戏剧,有的雅人说《西厢记》诲淫,《水浒传》诲盗,这是"高论"。实际上这一部戏剧和这一部小说都是"雅俗共赏"的作品。《西厢记》无视了传统的礼教,《水浒传》无视了传统的忠德,然而"男女"是"人之大欲"之一,"官逼民反",也是人之常情,梁山泊的英雄正是被压迫的人民所想望的。俗人固然同情这些,一部分的雅人,跟俗人相距还不太远的,也未尝不高兴这两部书说出了他们想说而不敢说的。这可以说是一种快感,一种趣味,可并不是低级趣味;这是有关系的,也未尝不是有节制的。"诲淫""诲盗"只是代表统治者的利益的说话。

十九世纪二十世纪之交是个新时代,新时代给我们带来了新文化,产生了我们的知识阶级。这知识阶级跟从前的读书人不大一样,包括了更多的从民间来的分子,他们渐渐跟统治者拆伙而走向民间。于是乎有了白话正宗的新文学,词曲和小说戏剧都有了正经的地位。还有种种欧化的新艺术。这种文学和艺术却并不能让小市民来"共赏",不用说农工大众。于是乎有人指出这是新绅士也就是新雅人的欧化,不管一般人能够了解欣赏与否。他们提倡"大众语"运动。但是时机还没有成熟,结果不显著。抗战以来又有"通俗化"运动,这个运动并已经在开始转向大众化。"通俗化"还分别雅俗,还是"雅俗共赏"的路,大众化却更进一步要达到那没有雅俗之分,只有"共赏"的局面。这大概也会是所谓由量变到质变罢。

(选自《论雅俗共赏》,观察社1948年版)

《诗言志辨》序

西方文化的输入改变了我们的"史"的意念,也改变了我们的"文学"的意念。我们有了文学史,并且将小说、词曲都放进文学史里,也就是放进"文"或"文学"里;而曲的主要部分,剧曲,也作为戏剧讨论,差不多得到与诗文平等的地位。我们有了王国维先生的《宋元戏曲史》,这是我们的第一部文学专史或类别的文学史。新文学运动加强了新的文学意念的发展,小说的地位增高,我们有了鲁迅先生的《中国小说史略》。词曲差不多升到了诗里;我们有刘毓盘先生的《词史》,虽然只是讲义,而且并未完成,还有王易先生的《词曲史》。民间的歌谣和故事也升到了文学里,"变文"和弹词等也跟着升,于是乎有郑振铎先生的《中国俗文学史》。这里特别要提出的是,在中国的文学批评称为"诗文评"的,也升了格成为文学的一类。陈锺凡先生的《中国文学批评史》仅后于《宋元戏曲史》,但到郭绍虞先生的那一本出来,才引起一般的注意,虽然那还只是上卷书。

从目录学上看，俗文学或民间文学的歌谣部分虽然因为用作乐歌，早得著录，但别的部分差不多从不登大雅之堂。词曲发展得晚，著录得也晚。小说发展虽早，从前只附在子、史两部里，我们所谓小说的小说，到明代才见著录。诗文评的系统的著作，我们有《诗品》和《文心雕龙》，都作于梁代。可是一向只附在"总集"类的末尾；宋代才另立"文史"类来容纳这些书。这"文史"类后来演变为"诗文评"类。著录表示有地位，自成一类表示有独立的地位；这反映着各类文学本身如何发展，并如何获得一般的承认。

一类文学获得一般的承认，却还未必获得与别类文学一般的平等的地位。小说、词曲、诗文评，在我们的传统里，地位都在诗文之下；俗文学除一部分古歌谣归入诗里以外，可以说是没有地位。西方文化输入了新的文学意念，加上新文学的创作，小说、词曲、诗文评，才得升了格，跟诗歌和散文平等，都成了正统文学。但俗文学还只是"俗"文学；虽是"文学"，还不能放进正统里。所谓词曲的平等地位，得分开来看。戏曲是歌剧，属于戏剧类，与话剧平分天下。词和散曲可以说是诗类，但就史的发展论，范围跟影响都远不如五七言诗，所以还只能附在诗里；不过从"诗余""词余"而成为"诗"，从余位升到了正位，确是真的。诗文评虽然极少完整的著作，但从本质上看，自然是文学批评。前些年苏雪林女士曾著专文讨论，结论是正的。现在一般似乎都承认了诗文评即文学批评的独立的平等的地位。

文学史的发展一面跟着一般史学的发展，一面也跟着文学的发展。这些年来我们的史学很快的进步,文学也有了新的成长,文学史确是改变了面目。但是改变面目是不够的,我们要求新的血和肉。这需要大家长期的不断的努力。一般的文学史如此,类别的文学史更显然如此。而文学批评史似乎尤其难。一则一般人往往有种成见,以为无创作才的才去做批评工作,批评只是第二流货色,因此有些人不愿意研究它。二则我们的诗文评断片的多,成形的少,不容易下手。三则我们的现代文学里批评一类也还没有发展;在各类文学中它是最落后的。现在我们固然愿意有些人去试写中国文学批评史,但更愿意有许多人分头来搜集材料,寻出各个批评的意念如何发生,如何演变——寻出它们的史迹。这个得认真的仔细的考辨,一个字不放松,像汉学家考辨经史子书。这是从小处下手。希望努力的结果可以阐明批评的价值,化除一般人的成见,并坚强它那新获得的地位。

诗文评的专书里包含着作品和作家的批评,文体的史的发展,以及一般的理论,也包含着一些轶事异闻。这固然得费一番爬梳剔抉的工夫。专书以外,经史子集里还有许多,即使不更多,诗文评的材料,直接的或间接的。前者如"诗言志","思无邪","辞,达而已矣","修辞立其诚";后者如《庄子》里"神"的意念和《孟子》里"气"的意念。这些才是我们的诗文评的源头,从此江淮河汉流贯我们整个文学批评史。至于选集、别集的序跋和评语,别集里的序跋、书牍、传志,甚至评点书,还有《三国志》《世说新语》《文选》诸注里,以及小说、笔记里,也都五光十色,层出不穷。这种种是取不尽、用不竭的,人手越多越有意思。只要不掉以轻心,谨严的考证、辨析,总会有结果的。

我们的文学批评似乎始于论诗,其次论"辞",是在春秋及战国时代。论诗是论外交"赋诗","赋诗"是歌唱入乐的诗。论"辞"是论外交辞命或行政法令。两者的作用都在政教。从论"辞"到论"文"还有一段曲折的历史,这里姑且不谈;只谈诗论。"诗言志"是开山的纲领,接着是汉代提出的"诗教"。汉代将"六艺"的教化相提并论,称为"六学";而流行最广的是"诗教"。这时候早已不歌唱诗,只诵读诗。"诗教"是就读诗而论,作用显然也在政教。这时候"诗言志","诗教"两个纲领都在告诉人如何理解诗,如何受用诗。但诗是不容易理解的。孟子说过"论诗者不以文害辞,不以辞害志",确也说过知人论世。毛公释"兴诗",似乎根据前者,后来称为"比兴";郑玄作《诗谱》,论"正变",显然根据后者。这些是方法论,是那两个纲领的细目,归结自然都在政教。

这四条诗论,四个批评的意念,二千年来都曾经过多多少少的演变。现代有人用"言志"和"载道"标明中国文学的主流,说这两个主流的起伏造成了中国文学史。"言志"的本义原跟"载道"差不多,两者并不冲突;现时却变得和"载道"对立起来。"诗教"原是"温柔敦厚",宋人又以"无邪"为"诗教";这却不相反而相成。"比兴"的解释向来纷无定论;可以注意的是这个意念渐渐由方法而变成了纲领。

"正变"原只论"风雅正变",后来却与"文变"说联合起来,论到诗文体的正变;这其实是我们固有的"文学史"的意念。

这本小书里收的四篇论文,便是研究那四条诗论的史的发展的。这四条诗论,四个词句,在各时代有许多不同的用例。书中便根据那些重要的用例试着解释这四个词句的本义跟变义,源头和流派。但《比兴》一篇却只能从《毛诗》下手,没有追溯到最早的源头;文中解释"赋""比""兴"的本义,也只以关切《毛诗》的为主。"赋""比""兴"原来大概是乐歌的名称,和"风""雅""颂"一样。这一层已经有人在研究,但跟文学批评无关,我们可以不论。《毛诗》的解释跟作诗人之意相合与否,我们也不论。因为我们要解释的是"比兴",不是诗。

本书原拟名为"诗论释辞","辞"指词句而言。后来因为书中四篇论文是一套,而以"诗言志"一个意念为中心,所以改为今名。《诗言志》篇跟《比兴》篇是抗战前写的,曾分别登载《语言与文学》和《清华学报》。《诗教》篇跟《正变》篇是近两年中写的。前者曾载《人文科学学报》;后者也给了《清华学报》,但这一期学报本身还未能印出。已发表的三篇都经过补充和修正;《诗言志》篇差不多重写了一回。不过疏陋的地方必还不少,如承方家指教,深为感谢。

(选自《诗言志辨》,开明书店 1947 年版)

王安石《明妃曲》

王安石《明妃曲》二首,颇受人攻击,说诗中"人生失意无南北""汉恩自浅胡自深"两句有伤忠爱之道。第一首云:

> 明妃初出汉宫时,泪湿春风鬓脚垂。低徊顾影无颜色,尚得君王不自持。归来却怪丹青手,入眼平生几曾有。意态由来画不成,当时枉杀毛延寿。一去心知更不归,可怜着尽汉宫衣。寄声欲问塞南事,只有年年鸿雁飞。家人万里传消息:"好在毡城莫相忆。君不见,咫尺长门闭阿娇,人生失意无南北。"

黄山谷引王深父的话,说:

> 孔子曰,"夷狄之有君,不如诸夏之亡也"。"人生失意"句非是。

这是说,无论怎样,中国总比夷狄好,南总比北好,打在冷宫的阿娇也总比在毡城做阏氏的明妃好;诗中将"南北"

等量齐观,是不对的。山谷却辩道:孔子欲居九夷,可见夷狄也未尝无可取之处,诗语并不算错。

这种辩论似乎有点小题大做;所以有人说王安石只是要翻新出奇罢了,是不必深求的。但细读这首诗,王安石笔下的明妃本人,并未离开那"怨而不怒"的旧谱儿;不过"家人"给她抱不平,口气却有点"怒"了。"家人"怒,而身当其境的明妃并没有怒,正见其忠爱之极。这里"一去"两句说她久而不忘汉朝;"寄声"两句说这么久了,也托人问汉朝消息,汉朝却绝无消息——年年有雁来,元帝却没给她一个字,在国内几年未承恩幸,出宫时虽"得君王不自持",又杀了毛延寿,而到塞外几年,却也未承眷念;她只算白等着。家里的消息却是有的,教她别痴想了,汉朝的恩是很薄的;当年阿娇近在咫尺,也打下冷宫来着,你惦记汉朝,即便你在汉朝,也还不是失意?——该失意的在南在北都一样,别老惦着"塞南"罢。这是决绝辞,也可说是恰如其分的安慰语;不过这只是"家人"说说罢了。

第二首云:

> 明妃初嫁与胡儿,毡车百两皆胡姬。含情欲说独无处,传与琵琶心自知。黄金捍拨春风手,弹看飞鸿劝胡酒。汉宫侍女暗垂泪,沙上行人却回首:"汉恩自浅胡自深,人生乐在相知心。"可怜青冢已芜没,尚有哀弦留至今。

李璧注引范冲对高宗云:

>诗人多作《明妃曲》，以失身胡虏为无穷之恨；安石则曰，"汉恩自浅胡自深，人生乐在相知心"。然则刘豫不是罪过，汉恩浅而虏恩深也。……孟子曰："无父无君是禽兽也。"以胡虏有恩而遂忘君父，非禽兽而何！

这以诗中明妃与汉奸刘豫相比，骂她是禽兽；其实范冲真要骂的是王安石。骂王安石，与诗无甚关系，且不必论。就诗论诗，全篇只是以琵琶的悲怨见出明妃的悲怨；初嫁时不用说，含情无处诉，只借琵琶自写心曲。后来虽然弹琵琶劝酒，可是眼看飞鸿，心不在胡而在汉。飞鸿有三义：句子以嵇康《赠秀才入军》诗"目送归鸿，手挥五弦"来，意思却牵涉到《孟子》的"一心以为鸿鹄将至"，又带着盼飞鸿捎来消息。这心事"汉宫侍女"知道，只不便明言安慰，惟有暗地垂泪。"沙上行人"听着琵琶的哀响，却不禁回首，自语道：汉朝对你的恩浅，胡人对你的恩深；古语说得好，乐莫乐兮新相知，你何必老惦着汉朝呢？在胡言胡，这也是恰如其分的安慰语。这决不是明妃的嘀咕，也不是王安石自己的议论，已有人说过，只是沙上行人自言自语罢了。但是青冢芜没之后，哀弦留传不绝，可见后世人所见的还只是个悲怨可怜的明妃；明妃并未变心可知。王深父范冲之说，都只是断章取义，不顾全篇，最是解诗大病。今写此短文，意不在给诗中的明妃及作者王安石辩护，只在说明读诗解诗的方法，借这两首诗作例子罢了。

（选自1936年11月20日《世界日报·明珠》）

《古诗十九首》释

诗是精粹的语言。因为是"精粹的",便比散文需要更多的思索,更多的吟味;许多人觉得诗难懂,便是为此。但诗究竟是"语言",并没有真的神秘;语言,包括说的和写的,是可以分析的,诗也是可以分析的。只有分析,才可以得到透彻的了解;散文如此,诗也如此。有时分析起来还是不懂,那是分析得还不够细密,或者是知识不够,材料不足;并不是分析这个方法不成。这些情形,不论文言文、白话文、文言诗、白话诗,都是一样。不过在一般不大熟悉文言的青年人,文言文,特别是文言诗,也许更难懂些罢了。

我们设"诗文选读"这一栏,便是要分析古典和现代文学的重要作品,帮助青年诸君的了解,引起他们的兴趣,更注意的是要养成他们分析的态度。只有能分析的人,才能切实欣赏;欣赏是在透彻的了解里。一般的意见将欣赏和了解分成两橛,实在是不妥的。没有透彻的了解,就欣赏起来,那欣赏也许会驴唇不对马嘴,至多也只是模糊影响。一般人以为诗只能综合的欣赏,一分析诗就没有了。其实诗是最错综的,最多义的,非得细密的分析工夫,不能捉住它的意旨。若是囫囵吞枣的读去,所得着的怕只是声调词藻等一枝一节,整个儿的诗会从你的口头眼下滑过去。

本文选了《古诗十九首》作对象,有两个缘由。一来"十九首"可以说是我们最古的五言诗,是我们诗的古典之一。所谓"温柔敦厚""怨而不怒"的作风,三百篇之外,"十九首"是最重要的代表。直到六朝,五言诗都以这一类古诗为标准;而从六朝以来的诗论,还都以这一类诗为正宗。"十九首"影响之大,从此可知。

二来"十九首"既是诗的古典,说解的人也就很多。古诗原来很不少,梁代昭明太子(萧统)的《文选》里却只选了十九首。《文选》成了古典,"十九首"也就成了古典;"十九首"以外,古诗流传到后世的,也就有限了。唐代李善和"五臣"给《文选》作注,当然也注了"十九首"。嗣后历代都有说解"十九首"的,但除了《文选》注家和元代刘履的《选诗补注》,整套作解的似乎没有。清代笺注之学很盛,独立说解"十九首"的很多。近人隋树森先生编有《古诗十九首集释》一书(中华版),搜罗历来"十九首"的整套的解释,大致完备,很可参看。

这些说解,算李善的最为谨慎,切实;虽然他释"事"的地方多,释"义"的地方少。"事"是诗中引用的古事和成辞,普通称为"典故"。"义"是作诗的意思或意旨,就是我们日常说话里的"用意"。有些人反对典故,认为诗贵自然,辛辛苦苦注出诗里的典故,只表明诗句是有"来历"的,作者是渊博的,并不能增加诗的价值。另有些人也反对典故,却认为太麻烦,太琐碎,反足为欣赏之累。

可是,诗是精粹的语言,暗示是它的生命。暗示得从比喻和组织上作工夫,利用读者联想的力量。组织得简约紧凑;似乎断了,实在连着。比喻或用古事成辞,或用眼前景物;典故其实是比喻的一类。这首诗那首诗可以不用典故,但是整个儿的诗是离不开典故的。旧诗如此,新诗也如此;不过新诗爱用外国典故罢了。要透彻的了解诗,在许多时候,非先弄明白诗里的典故不可。陶渊明的诗,总该算"自然"了,但他用的典故并不少。从前人只囫囵读过,直到近人古直先生的《靖节诗笺定本》,才细细的注明。我们因此增加了对于陶诗的了解;虽然我们对于古先生所解释的许多篇陶诗的意旨并不敢苟同。李善注"十九首"的好处,在他所引的"事"都跟原诗的文义和背景切合,帮助我们的了解很大。

别家说解,大都重在意旨。有些是根据原诗的文义和背景,却忽略了典故,因此不免望文生义,模糊影响。有些并不根据全篇的文义、典故、背景,却只断章取义,让"比兴"的信念支配一切。所谓"比兴"的信念,是认为作诗必关教化;凡男女私情,相思离别的作品,必有寄托的意旨——不是"臣不得于君",便是"士不遇知己"。这些人似乎觉得相思离别等等私情不值得作诗;作诗和读诗必须能见其大。但是原作里却往往不见那大处。于是他们便抓住一句两句,甚至一词两词,曲解起来,发挥开去,好凑合那个传统的信念。这不但不切合原作,并且常常不能自圆其说;只算是无中生有,驴唇不对马嘴罢了。

据近人的考证,"十九首"大概作于东汉末年,是建安(献帝)诗的前驱。李善就说过,诗里的地名像"宛""洛""上东门",都可以见出有一部分是东汉人作的;但他还相信其中有西汉诗。历来认为"十九首"里有西汉诗,只有一个重要的证据,便是第七首里"玉衡指孟冬"一句话。李善说,这是汉初的历法。后来人都信他的话,同时也就信"十九首"中一部分是西汉诗。不过李善这条注并不确切可靠,俞平伯先生有过详细讨论,载在《清华学报》里。我们现在相信这句诗还是用的夏历。此外,照梁启超先生的意见,"十九首"作风如此相同,不会分开在相隔几百年的两个时代。(《美文及其历史》)徐中舒先生也说,东汉中叶,文人的五言诗还是很幼稚的;西汉若已有"十九首"那样成熟的作品,怎么会有这种现象呢!(《古诗十九首考》,《中大语言历史研究所周刊》六十五期)

"十九首"没有作者;但并不是民间的作品,而是文人仿乐府作的诗。乐府原是入乐的歌谣,盛行于西汉。到东汉时,文人仿作乐府辞的极多;现存的乐府古辞,也大都是东汉的。仿作乐府,最初大约是依原调,用原题;后来便有只用原题的。再后便有不依原调,不用原题,只取乐府原意作五言诗的了。这种作品,文人化的程度虽然已经很高,题材可还是民间的,如人生不常,及时行乐,离别,相思,客愁,等等。这时代作诗人的个性还见不出,而每首诗的作者,也并不限于一个人;所以没有主名可指。"十九首"就是这类诗;诗中常用典故,正是文人的色彩。但典故并不妨害"十九首"的"自然";因为这类诗究竟是民间味,而且只是浑括的抒叙。还没到精细描写的地步,所以就觉得"自然"了。

本文先钞原诗。诗句下附列数字,李善注便依次钞在诗后;偶有不是李善的注,都在下面记明出处,或加一"补"字。注后是说明;这儿兼采各家,去取以切合原诗与否为准。

一

行行重行行,与君生别离(一)。相去万余里,各在天一涯(二)。道路阻且长,会面安可知(三)。胡马依北风,越鸟巢南枝(四)。相去日已远,衣带日已缓(五)。浮云蔽白日,游子不顾反(六)。思君令人老,岁月忽已晚(七)。弃捐勿复道,努力加餐饭(八)。

一、《楚辞》曰,"悲莫悲兮生别离"。

二、《广雅》曰,"涯,方也"。

三、《毛诗》曰,"溯洄从之,道阻且长"。薛综《西京赋》注曰,"安,焉也"。

四、《韩诗外传》曰,"诗云,'代马依北风,飞鸟栖故巢',皆不忘本之谓也"。《盐铁论·未通》篇,"故代马依北风,飞鸟翔故巢,莫不哀其生"。(徐中舒《古诗十九首考》)

《吴越春秋》,"胡马依北风而立,越燕望海日而熙,同类相亲之意也"。(同上)

五、《古乐府歌》曰,"离家日趋远,衣带日趋缓"。

六、浮云之蔽白日,以喻邪佞之毁忠良,故游子之行,不顾反也。《文子》曰,"日月欲明,浮云盖之";陆贾《新语》曰,"邪臣之蔽贤,犹浮云之鄣日月";《古杨柳行》曰,"谗邪害公正,浮云蔽白日":义与此同也。郑玄《毛诗笺》曰,"顾,念也"。

七、《小雅》,"维忧用老"。(孙鑛评《文选》语)

八、《史记·外戚世家》,"平阳主拊其(卫子夫)背曰,'行矣,强饭,勉之!'"蔡邕(?)《饮马长城窟行》,"长跪读素书,书中竟何如?上有'加餐食',下有'长相忆'"。(补)

诗中引用《诗经》《楚辞》,可见作者是文人。"生别离"和"阻且长"是用成辞;前者暗示"悲莫悲兮"的意思,后者暗示"从之"不得的意思。借着引用的成辞的上下文,补充未申明的含义;读者若能知道所引用的全句以至全篇,便可从联想领会得这种含义。这样,诗句就增厚了力量。这所谓词短意长;以技巧而论,是很经济的。典故的效用便在此。"思君令人老"脱胎于"维忧用老",而稍加变化;知道《诗经》的句子的读者,就知道本诗这一句是暗示着相思的烦忧了。《冉冉孤生竹》一首里,也有这一语;歌谣的句子原可套用,"十九首"还不脱歌谣的风格,无怪其然。"相去"二句也是套用《古乐府歌》的句子,只换了几个词。"日已"就是《去者日以疏》一首里的"日以",和"日趋"都是"一天比一天"的意思;"离家"变为"相去",是因为诗中主人身分不同,下文再论。

"代马""飞鸟"两句,大概是汉代流行的歌谣;《韩诗外传》和《盐铁论》都引到这两个比喻,可见。到了《吴越春秋》,才改为散文,下句的题材并略略变化。这种题材的变化,一面是环境的影响,一面是文体的影响。越地滨海,所以变了下句;但越地不以马著,所以不变上句。东汉文体,受辞赋的影响,不但趋向骈偶,并且趋向工切。"海日"对"北风",自然比"故巢"工切得多。本诗引用这一套比喻,因为韵的关系,又变用"南枝"对"北风",却更见工切了。至于"代马"变为"胡马",也许只是作诗人的趣味;歌谣原是常常在修改的。但"胡马"两句的意旨,却还不外乎"不忘本""哀其生""同类相亲"三项。这些得等弄清楚诗中主人的身分再来说明。

"浮云蔽白日"也是个套句。照李善注所引证,说是"以喻邪佞之毁忠良",大致是不错的。有些人因此以为本诗是逐臣之辞;诗中主人是在远的逐臣,"游子"便是逐臣自指。这样,全诗就都是思念君王的话了。全诗原是男女相思的口气;但他们可以相信,男女是比君臣的。男女比君臣,从屈原的《离骚》创始;后人这个信念,显然是以《离骚》为依据。不过屈原大概是神仙家。他以"求女"比思君,恐怕有他信仰的因缘;他所求的是神女,不是凡人。五言古诗从乐府演化而出;乐府里可并没有这种思想。乐府里的羁旅之作，大概只说思乡；"十九首"中《去者日以疏》《明月何皎皎》两首，可以说是典型。这些都是实际的。《涉江采芙蓉》一首，虽受了《楚辞》的影响，但也还是实际的思念"同心"人，和《离骚》不一样。在乐府里，像本诗这种缠绵的口气，大概是居者思念行者之作。本诗主人大概是个"思妇"，如张玉穀《古诗赏析》所说："游子"与次首"荡子行不归"的"荡子"同意。所谓诗中主人，可并不一定是作诗人；作诗人是尽可以虚拟各种人的口气，代他们立言的。

但是"浮云蔽白日"这个比喻，究竟该怎样解释呢？朱筠说："'不顾返'者，本是游子薄幸；不肯直言，却托诸浮云蔽日。言我思子而子不思归，定有谗人间之；不然，胡不返耶？"（《古诗十九首说》）张玉穀也说："浮云蔽日，喻有所惑，游不顾返，点出负心；略露怨意。"两家说法，似乎都以白日比游子，浮云比谗人；谗人惑游子是"浮云蔽白日"。就"浮云"两句而论，就全诗而论，这解释也可通。但是一个比喻往往有许多可能的意旨，特别是在诗里。我们解释比喻，不但要顾到当句当篇的文义和背景，还要顾到那比喻本身的背景，才能得着它的确切的意旨。见仁见智的说法，到底是不足为训的。"浮云蔽白日"这个比喻，李善注引了三证，都只是"谗邪害公正"一个意思。本诗与所引三证时代相去不远，该还用这个意思。不过也有两种可能：一是那游子也许在乡里被"谗邪"所"害"，远走高飞，不想回家。二也许是乡里中"谗邪害公正"，是非黑白不分明，所以游子不想回家。前者是专指，后者是泛指。我不说那游子是

"忠良"或"贤臣";因为乐府里这类诗的主人,大概都是乡里的凡民,没有朝廷的达官的缘故。

明白了本诗主人的身分,便可以回头吟味,"胡马""越鸟"那一套比喻的意旨了。"不忘本"是希望游子不忘故乡。"哀其生"是哀念他的天涯飘泊。"同类相亲"是希望他亲爱家乡的亲戚故旧乃至思妇自己。在游子虽不想回乡,在思妇却还望他回乡。引用这一套彼此熟悉的比喻,是说物尚有情,何况于人?是劝慰,也是愿望。用比喻替代抒叙,作诗人要的是暗示的力量;这里似是断处,实是连处。明白了诗中主人是思妇,也就明白诗中套用《古乐府歌》"离家"那两句时,为什么要将"离家"变为"相去"了。

"衣带日已缓"是衣带日渐宽松;朱筠说,"与思君令人瘦一般用意。"这是就果显因,也是暗示的手法;带缓是果,人瘦是因。"岁月忽已晚"和《东城高且长》一首里"岁暮一何速"同意,指的是秋冬之际岁月无多的时候。"弃捐勿复道,努力加餐饭"二语,解者多误以为全说的诗中主人自己。但如注八所引,"强饭""加餐"明明是汉代通行的慰勉别人的话语,不当反用来说自己。张玉榖解这两句道,"不恨己之弃捐,惟愿彼之强饭",最是分明。我们的语言,句子没有主词是常态,有时候很容易弄错,诗里更其如此。"弃捐"就是"见弃捐",也就是"被弃捐";施受的语气同一句式,也是我们语言的特别处。这"弃捐"在游子也许是无可奈何,非出本愿,在思妇却总是"弃捐",并无分别;所以她含恨的说,"反正我是被弃了,不必再提罢;你只保重自己好了!"

本诗有些复沓的句子。如既说"相去万余里",又说"道路阻且长",又说"相去日已远",反复说一个意思;但颇有增变。"衣带日已缓"和"思君令人老"也同一例。这种回环复沓,是歌谣的生命;许多歌谣没有韵,专靠这种组织来建筑它们的体格,表现那强度的情感。只看现在流行的许多歌谣,或短或长,都从回环复沓里见出紧凑和单纯,便可知道。不但歌谣,民间故事的基本形式,也是如此。诗从歌谣演化,回环复沓的组织也是它的基本;三百篇和屈原的"辞",都可看出这种痕迹。"十九首"出于本是歌谣的乐府,复沓是自然的;不过技巧进步,增变来得多一些。到了后世,诗渐渐受了散文的影响,情形却就不一定这样了。

二

青青河畔草,郁郁园中柳。盈盈楼上女,皎皎当窗牖,娥娥红粉粧,纤纤出素手。昔为倡家女,今为荡子妇。荡子行不归,空床难独守。

这显然是思妇的诗;主人公便是那"荡子妇"。"青青河畔草,郁郁园中柳"是春光盛的时节,是那荡子妇楼上所见。荡子妇楼上开窗远望,望的是远人,是那"行不归"的"荡子"。她却只见远处一片草,近处一片柳。那草沿着河畔一直青青下去,似乎没有尽头——,也许会一直青青到荡子的所在罢。传为蔡邕作的那首《饮马长城窟行》开端道,

"青青河边草,绵绵思远道",正是这个意思。那茂盛的柳树也惹人想念远行不归的荡子。《三辅黄图》说,"灞桥在长安东,……汉人送客至此桥,折柳赠别"。"柳"谐"留"音,折柳是留客的意思。汉人既有折柳赠别的风俗,这荡子妇见了又"郁郁"起来的"园中柳",想到当年分别时依依留恋的情景,也是自然而然的。再说,河畔的草青了,园中的柳茂盛了,正是行乐的时节,更是少年夫妇行乐的时节。可是"荡子行不归",孤负了青春年少;及时而不能行乐,那是甚么日子呢!况且草青,柳茂盛,也许不止一回了,年年这般等闲的度过春光,那又是甚么日子呢!

"盈盈楼上女,皎皎当窗牖,娥娥红粉粧,纤纤出素手。"描画那荡子妇的容态姿首。这是一个艳妆的少妇。"盈"通"嬴"。《广雅》,"嬴,容也",就是多仪态的意思。"皎",《说文》,"月之白也",说妇人肤色白皙。吴淇《选诗定论》说这是"以窗之光明,女之丰采并而为一",是不错的。这两句不但写人,还夹带叙事:上句登楼,下句开窗,都是为了远望。"娥",《方言》,"秦晋之间,美貌谓之娥"。"粧"又作"妆""装",饰也,指涂粉画眉而言。"纤纤女手,可以缝裳",是《韩诗·葛屦》篇的句子(《毛诗》作"掺掺女手")。《说文》,"纤,细也","掺,好手貌";"好手貌"就是"细",而"细"说的是手指。《诗经》里原是叹惜女人的劳苦,这里"纤纤出素手"却只见凭窗的姿态——"素"也是白皙的意思。这两句专写窗前少妇的脸和手:脸和手是一个人最显著的部分。

"昔为倡家女,今为荡子妇",叙出主人公的身分和身世。《说文》,"倡,乐也",就是歌舞妓。"荡子"就是"游子",跟后世所谓"荡子"略有不同。《列子》里说,"有人去乡土游于四方而不归者,世谓之为狂荡之人也",可以为证。这两句诗有两层意思。一是昔既作了倡家女,今又作了荡子妇,真是命不犹人。二是作倡家女热闹惯了,作荡子妇却只有冷清清的,今昔相形,更不禁身世之感。况且又是少年美貌,又是春光盛时。荡子只是游行不归,独守空床自然是"难"的。

有人以为诗中少妇"当窗""出手",未免妖冶,未免卖弄,不是贞妇的行径。《诗经·伯兮》篇道:"自伯之东,首如飞蓬,岂无膏沐,谁适为容。"贞妇所行如此。还有,不说"空房难独守"而说"空床难独守",也不免于野,不免于淫。总而言之,不免放滥无耻,不免失性情之正,有乖于温柔敦厚,怨而不怒的诗教。话虽如此,这些人却没胆量贬驳这首诗;他们只能曲解这首诗是比喻。这首诗实在看不出是比喻。"十九首"原没有脱离乐府的体裁。乐府多歌咏民间风俗,本诗便是一例。世间是有"昔为倡家女,今为荡子妇"的女人,她有她的身分,有她的想头,有她的行径。这些跟《伯兮》里的女人满不一样,但别恨离愁却一样。只要真能表达出来这种女人的别恨离愁,恰到好处,歌咏是值得的。本诗和《伯兮》篇的女主人公其实都说不到贞淫上去,两诗的作意只是怨。不过《伯兮》篇的怨浑含些,本诗的怨刻露些罢了。艳妆登楼是少年爱好,"空床难独守"是不甘岑寂,其实也都是人之常情;不过说"空床"也许显得亲热些。"昔为倡家女"的荡子妇,自然没有《伯兮》篇里那贵族的女子节制那样多。妖冶,野,是有点儿;卖弄,淫,放滥无耻,便未免是捕风捉影的苛论。王昌龄有一首春闺诗道:"闺中少妇不知愁,春日凝妆上翠楼。忽见陌头杨柳色,悔教夫婿觅封侯。"正是从本诗变化而出。诗中少妇也是个荡子妇,不过没有说是倡家女罢了。这少妇也是"春日凝妆上翠楼",历来论诗的人却没有贬驳她的。潘岳《悼亡诗》第二首有句道:"展转眄枕席,长簟竟床空。床空委清尘,室虚来悲风。"这里说"枕席",说"床空",却赢得千秋的称赞。可见艳妆登楼跟"空床难独守"并不算卖弄,淫,放滥无耻。那样说的人只是凭了"昔为倡家女"一层,将后来关于"娼妓"的种种联想附会上去,想着那荡子妇必有种种坏念头坏打算在心里。那荡子妇会不会有那些坏想头,我们不得而知,但就诗论诗,却只说到"难独守"就戛然而止,还只是怨,怨而不至于怒。这并不违背温柔敦厚的诗教。至于将不相干的成见读进诗里去,那是最足以妨碍了解的。陆机拟古诗差不多亦步亦趋,他拟这一首道:"靡靡江离草,熠燿生河侧。皎皎彼姝女,阿那当轩织。粲粲妖容姿,灼灼美颜色。良人游不归,偏栖独只翼。空房来悲风,中夜起叹息。"又,曹植《七哀诗》道:"明月照高楼,流光正徘徊。上有愁思妇,悲叹有余哀。借问叹者谁?言是客子妻;君行逾十年,贱妾常独栖。"这正是化用本篇语意。"客子"就是"荡子","独栖"就是"独守"。曹植所了解的本诗的主人公,也只是"高楼"上一个"愁思妇"而已。

"倡家女"变为"彼姝女","当窗牖"变为"当轩织","粲粲妖容姿,灼灼美颜色"还保存原作的意思。"良人游不归"就是"荡子行不归",末三语是别恨离愁。这首拟作除"偏栖独只翼"一句稍稍刻露外,大体上比原诗浑含些,概括些;但是原诗作意只是写别恨离愁而止,从此却分明可以看出。陆机去"十九首"的时代不远,他对于原诗的了解该是不至于有甚么歪曲的。

评论这首诗的都称赞前六句连用叠字。顾炎武《日知录》说:

> 诗用叠字最难。《卫风》(《硕人》)"河水洋洋,北流活活。施罛涉涉,鳣鲔发发,葭菼揭揭。庶姜孽孽。"连用六叠字,可谓复而不厌,赜而不乱矣。古诗"青青河畔草,——纤纤出素手",连用六叠字,亦极自然。下此即无人可继。

连用叠字容易显得单调,单调就重复可厌了。而连用的叠字也不容易处处确切,往往显得没有必要似的,这就乱了。因此说是最难。但是《硕人》篇跟本诗六句连用叠字,却有变化。——《古诗源》说本诗六叠字从"河水洋洋"章化出,也许是的。就本诗而论,青青是颜色兼生态,郁郁是生态。

这两组形容的叠字,跟下文的盈盈和娥娥,都带有动词性。例如开端两句,译作白话的调子,就得说,河畔的草青青了,园中的柳郁郁了,才合原诗的意思。盈盈是仪态,皎皎是人的丰采兼窗的光明,娥娥是粉黛的妆饰,纤纤是手指的形状。各组叠字,词性不一样,形容的对象不一样,对象的复杂度也不一样,就都显得确切不移;这就重复而不可厌,繁赜而不觉乱了。《硕人》篇连用叠字,也异曲同工。但这只是因难见巧,还不是连用叠字的真正理由。诗中连用叠字,只是求整齐,跟对偶有相似的作用。整齐也是一种回环复沓,可以增进情感的强度。本诗大体上是顺序直述下去,跟上一首不同,所以连用叠字来调剂那散文的结构。但是叠字究竟简单些;用两个不同的字,在声音和意义上往往要丰富些。而数句连用叠字见出整齐,也只在短的诗句像四言五言里如此;七言太长,字多,这种作用便不显了。就是四言五言,这样许多句连用叠字,也是可一而不可再。这一种手法的变化是有限度的;有人达到了限度,再用便没有意义了。只看古典的四言五言诗中只各见了一例,就是明证。所谓"下此即无人可继",并非后人才力不及古人,只是叠字本身的发展有限,用不着再去"继"罢了。

  本诗除运用叠字外,还用对偶,第一二句第七八句都是的。第七八句《初学记》引作"自云倡家女,嫁为荡子妇"。单文孤证,不足凭信。这里变偶句为散句,便减少了那回环复沓的情味。"自云"直贯后四句,全诗好像曲折些。但是这个"自云"凭空而来,跟上文全不衔接。再说"空床难独守"一语,作诗人代言已不免于野,若变成"自云",那就太野了些。《初学记》的引文没有被采用,这些恐怕也都有关系的。

三

青青陵上柏,磊磊硐中石。人生天地间,忽如远行客。斗酒相娱乐,聊厚不为薄。驱车策驽马,游戏宛与洛。洛中何郁郁,冠带自相索。长衢罗夹巷,王侯多第宅。两宫遥相望,双阙百余尺。极宴娱心意,戚戚何所迫。

本诗用三个比喻开端,寄托人生不常的慨叹。陵上柏青青,硐(通"涧")中石磊磊,都是长存的。青青是常青青。《庄子》:"仲尼曰,'受命于地,唯松柏独也,在冬夏常青青。'"磊磊也是常磊磊。——磊磊,众石也。人生却是奄忽的,短促的;"人生天地间",只如"远行客"一般。《尸子》:"老莱子曰:'人生于天地之间,寄也。'"李善说,"寄者固归"。伪《列子》,"死人为归人"。李善说,"则生人为行人矣"。《韩诗外传》,"二亲之寿,忽如过客"。"远行客"那比喻大约便是从"寄""归""过客"这些观念变化出来的。"远行客"是离家远行的客,到了那里,是暂住便去,不久即归的。"远行客"比一般"过客"更不能久住;这便加强了这个比喻的力量,见出诗人的创造工夫。诗中将陵上柏和硐中石跟远行客般的人生对照,见得人生是不能像柏和石那样长存的。远行客是积极的比喻,柏和石是消极的比喻。陵上柏和硐中石是邻近的,是连类而及;取它们作比喻,也许是即景生情,也许是所谓"近取譬"——用常识的材料作比喻。至于李善注引的《庄子》里那几句话,作诗人可能想到运用,但并不必然。

本诗主旨,可借用"人生行乐耳"一语表明。"斗酒"和"极宴"是"娱乐","游戏宛与洛"也是"娱乐";人生既"忽如远行客","戚戚"又"何所迫"呢?《汉书·东方朔传》,"销忧者莫若酒"。只要有酒,有酒友,落得乐以忘忧。极宴固可以"娱心意",斗酒也可以"相娱乐"。极宴自然有酒友,"相"娱乐还是少不了酒友。斗是舀酒的器具,斗酒为量不多,也就是"薄",是不"厚"。极宴的厚固然好,斗酒的薄也自有趣味——只消且当作厚不以为薄就行了。本诗人生不常一意显然是道家思想的影响。"聊厚不为薄"一语似乎也在摹仿道家的反语如"大直若屈""大巧若拙"之类,意在说厚薄的分别是无所谓的。但是好像弄巧成拙了,这实在是一个弱句;五个字只说一层意思,还不能透彻的或痛快的说出。这句式前无古人,后无来者,只是一个要不得罢了。若在东晋玄言诗人手里,这意思便不至于写出这样累句。也是时代使然。

游戏原指儿童。《史记·周本纪》说后稷"为儿时","其游戏好种树麻菽",该是游戏的本义。本诗"游戏宛与洛"却是出以童心,一无所为的意思。洛阳是东汉的京都。宛县是南阳郡治所在,在洛阳之南;南阳是光武帝发祥的地方,又是交通要道,当时有"南都"之称,张衡特为作赋,自然也是繁盛的城市。《后汉书·梁冀传》里说,"宛为大都,士之渊薮",可以为证。聚在这种地方的人多半为利禄而来,诗中主人公却不如此,所以说是"游戏"。既然是游戏,车马也就无所用其讲究,"驱车策驽马"也就不在乎了。驽马是迟钝的马;反正是游戏,慢点儿也没有甚么的。说是"游戏宛与洛",却只将洛阳的繁华热热闹闹的描写了一番,并没有提起宛县一个字。大概是因为京都繁华第一,说了洛就可以见宛,不必再赘了罢?歌谣里本也有一种接字格,"月光光"是最熟的例子。汉乐府里已经有了,《饮马长城窟行》可见。现在的歌谣却只管接字,不管意义;全首满是片段,意义毫不衔接——全首简直无意义可言。推想古代歌谣当也有这样的,不过没有存留罢了。本诗"游戏宛与洛"下接"洛中何郁郁",便只就洛中发挥下去,更不照应上句,许就是古代这样的接字歌谣的遗迹,也未可知。

诗中写东都,专从繁华着眼。开手用了"洛中何郁郁"一句赞叹,"何郁郁"就是"多繁盛呵!""多热闹呵!",游戏就是来看热闹的,也可以说是来凑热闹的,这是诗中主人公的趣味。以下分三项来说,冠带往来是一,衢巷纵横、第宅众多是二,宫阙壮伟是三。"冠带自相索",冠带的人是贵人,贾逵《国语》注,"索,求也","自相索"是自相往来不绝的意思。"自相"是说贵人只找贵人,不把别人放在眼下,同时也有些别人不把他们放在眼下,尽他们来往他们的——他们的来往无非趋势利,逐酒食而已。这就带些刺讥了。"长衢罗夹巷,王侯多第宅",罗就是列,《魏王奏事》说,"出不由里门,面大道者,名曰第",第只在长衢上。"两宫遥相望，双阙百余尺"，蔡质《汉官典职》说，"南宫北宫相去七里"，双阙是每一宫门前的两座望楼。这后两项固然见得京都的伟大，可是更见得京都的贵盛。将第一项合起来看，本诗写东都的繁华，又是专从贵盛着眼。这是诗，不是赋，不能面面俱到，只能选择最显著最重要的一面下手。至于"极宴娱心意"，便是上文所谓凑热闹了。"戚戚何所迫"，《论语》，"小人长戚戚"，戚戚，常忧惧也。一般人常怀忧惧，有甚么迫不得已呢？——无非为利禄罢了。短促的人生，不去饮酒，游戏，却为无谓的利禄自苦，未免太不值得了。这一句不单就极宴说，是总结全篇的。

本诗只开始两句对偶，"斗酒"两句跟"极宴"两句复沓；大体上是散行的。而且好像说到那里是那里，不嫌其尽的样子，从"斗酒相娱乐"以下都如此——写洛中光景虽自有剪裁，却也有如方东树《昭昧詹言》说的，"极其笔力，写到至足处"。这种诗有点散文化，不能算是含蓄蕴藉之作，可是不失为严羽《沧浪诗话》所谓"沉着痛快"的诗。历来论诗的都只赞叹"十九首"的"优柔善入，婉而多风"，其实并不尽然。

四

今日良宴会，欢乐难具陈。弹筝奋逸响，新声妙入神。令德唱高言，识曲听其真。齐心同所愿，含意俱未申。人生寄一世，奄忽若飙尘。何不策高足，先据要路津。无为守穷贱,轗轲长苦辛。

这首诗所咏的是听曲感心;主要的是那种感,不是曲,也不是宴会。但是全诗从宴会叙起,一路迤逦说下去,顺着事实的自然秩序,并不特加选择和安排。前八语固然如此;以下一番感慨,一番议论,一番"高言",也是痛快淋漓,简直不怕说尽。这确是近乎散文。"十九首"还是乐府的体裁,乐府原只像现在民间的小曲似的,有时随口编唱,近乎散文的地方是常有的。"十九首"虽然大概出于文人之手,但因模仿乐府,散文的成分不少;不过都还不失为诗。本诗也并非例外。

开端四语只是直陈宴乐。这一日是"良宴会",乐事难以备说;就中只提乐歌一件便可见。"新声"是歌,"弹筝"是乐,是伴奏。新声是翻胡乐的调子,当时人很爱听;这儿的新声也许就是《西北有高楼》里的"清商",《东城一何高》里的"清曲"。陆侃如先生的《中国诗史》据这两条引证以及别的,说清商曲在汉末很流行,大概是不错的。弹唱的人大概是些"倡家女",从《西北有高楼》《东城一何高》二诗可以推知。这里只提乐歌一事,一面固然因为声音最易感人——"入神"便是"感人"的注脚;刘向《雅琴赋》道,"穷音之至入于神",可以参看——,一面还是因为"识曲听真",才引起一番感慨,才引起这首诗。这四语是引子,以下才是正文。再说这里"欢乐难具陈"下直接"弹筝"二句,便见出"就中只说"的意思,无须另行提明,是诗体比散文简省的地方。

"令德唱高言"以下四语,歧说甚多。上二语朱筠《古诗十九首说》说得最好:"'令德'犹言能者。'唱高言',高谈阔论,在那里说其妙处,欲令'识曲'者'听其真'。"曲有声有辞。一般人的赏识似乎在声而不在辞。只有聪明人才会赏玩曲辞,才能辨识曲辞的真意味。这种聪明人便是知音的"令德"。"高言"就是妙论,就是"人生寄一世"以下的话。"唱"是"唱和"的"唱"。聪明人说出座中人人心中所欲说而说不出的一番话,大家自是欣然应和的;这也在"今日"的"欢乐"之中。"齐心同所愿"是人人心中所欲说,"含意俱未申"是口中说不出。二语复沓着"齐""同""俱"等字,见得心同理同,人人如一。

曲辞不得而知。但是无论歌咏的是富贵人的欢悰还是穷贱人的苦绪,都能引起诗中那一番感慨。若是前者,感慨便由于相形见绌;若是后者,便由于同病相怜。话却从人生如寄开始。既然人生如寄,见绌便更见绌,相怜便更相怜了。而"人生一世"不但是"寄",简直像卷地狂风里的尘土,一忽儿就无踪影。这就更见迫切。"飙尘"当时是个新比喻,比"寄"比"远行客"更"奄忽",更见人生是短促的。人生既是这般短促,自然该及时欢乐,才不白活一世。富贵才能尽情欢乐,"穷贱"只有"长苦辛";那么,为甚么"守穷贱"呢? 为甚么不赶快去求富贵呢?

"何不策高足,先据要路津"就是"为甚么不赶快去求富贵呢?"这儿又是一个新比喻。"高足"是良马、快马,"据要路津"便是《孟子》里"夫子当路于齐"的"当路"。何不

211

驱车策良马快去占住路口渡口——何不早早弄些高官做呢？——贵了也就富了。"先"该是捷足先得的意思。《史记》："蒯通曰，'秦失其鹿，天下共逐之，高材捷足者先得焉。'"正合"何不"二句语意。从尘想到车，从车说到"轞轲"，似乎是一串儿，并非偶然。轞轲，不遇也；《广韵》里说，"车行不利曰轞轲，故人不得志亦谓之轞轲"。"车行不利"是轞轲的本义，"不遇"是引申义。《楚辞》里已只用引申义，但本义存在偏旁中，是不易埋没的。本诗用的也是引申义，可是同时牵涉着本义，和上文相照应。"无为"就是"毋为"，等于"毋"。这是一个熟语。《诗经·板》篇有"无为夸毗"一句，郑玄笺作"女（汝）无（毋）夸毗"，可证。

"何不"是反诘，"无为"是劝诫，都是迫切的口气。那"令德"和在座的人说，我们何不如此如此呢？我们再别如彼如彼了啊！人生既"奄忽若飙尘"，欢乐自当亟亟求之，富贵自当亟亟求之，所以用得着这样迫切的口气。这是诗。这同时又是一种不平的口气。富贵是并不易求的；有些人富贵，有些人穷贱，似乎是命运使然。穷贱的命不犹人，心有不甘；"何不"四语便是那怅惘不甘之情的表现。这也是诗。明代钟惺说，"欢宴未毕，忽作热中语，不平之甚。"陆时雍说，"慷慨激昂。'何不——苦辛'，正是欲而不得。"清代张玉穀说，"感愤自嘲，不嫌过直。"都能搔着痒处。诗中人却并非孔子的信徒，没有安贫乐道，"君子固穷"，等信念。他们的不平不在守道而不得时，只在守穷贱而不得富贵。这也不失其为真。有人愣说是"反辞""诡辞"，是

"讽"是"谑",那是蔽于儒家的成见。

陆机拟作变"高言"为"高谈",他叙那"高谈"道:"人生无几何,为乐常苦晏。譬彼伺晨鸟,扬声当及旦。曷为恒忧苦,守此贫与贱!""伺晨鸟"一喻虽不像"策高足"那一喻切露,但"扬声当及旦"也还是"亟亟求之"的意思。而上文"为乐常苦晏",原诗却未明说;有了这一语,那"扬声"自然是求富贵而不是求荣名了。这可以旁证原诗的主旨。

五

西北有高楼,上与浮云齐。交疏结绮窗,阿阁三重阶。上有弦歌声,音响一何悲。谁能为此曲,无乃杞梁妻。清商随风发,中曲正徘徊,一弹再三叹,慷慨有余哀。不惜歌者苦,但伤知音稀。愿为双鸣鹤,奋翅起高飞。

这首诗所咏的也是闻歌心感。但主要的是那"弦歌"的人,是从歌曲里听出的那个人。这儿弦歌的人只是一个,听歌心感的人也只是一个。"西北有高楼","弦歌声"从那里飘下来,弦歌的人是在那高楼上。那高楼高入云霄,可望而不可即。四面的窗子都"交疏结绮",玲珑工细。"交疏"是花格子,"结绮"是格子连结着像丝织品的花纹似的。"阁"就是楼,"阿阁"是"四阿"的楼,司马相如《上林赋》有"离宫别馆,……高廊四注"的话,"四注"就是"四阿",也就是四面有檐,四面有廊。"三重阶"可见楼不在地上而在台上。阿阁是宫殿的建筑,即使不是帝居,也该是王侯的第宅。在那高楼上弦歌的人自然不是寻常人,更只可想而不可即。

弦歌声的悲引得那听者驻足。他听着,好悲啊!真悲极了!"谁能作出这样悲的歌曲呢?莫不是杞梁妻吗?"齐国杞梁的妻子"善哭其夫",见于《孟子》。《列女传》道:"杞梁之妻无子,内外皆无五属之亲。既无所归,乃枕其夫之尸于城下而哭。内诚动人,道路过者莫不为之挥涕,十日而城为之崩。"琴曲有《杞梁妻叹》,《琴操》说是杞梁妻所作。《琴操》说:梁死,"妻叹曰:'上则无父,中则无夫,下则无子,将何以立吾节?亦死而已!'援琴而鼓之。曲终,遂自投淄水而死"。杞梁妻善哭,《杞梁妻叹》是悲叹的曲调。

本诗引用这桩故事,也有两层意思。第一是说那高楼上的弦歌声好像《杞梁妻叹》那样悲。"谁能"二语和别一篇古诗里"谁能为此器?公输与鲁班!"句调相同。那两句只等于说,"这东西巧妙极了!"这两句在第一意义下,也只等于说,"这曲子真悲极了!"说了"一何悲",又接上这两句,为的是增强语气;"悲"还只是概括的,这两句却是具体的。——"音响一何悲"的"音响"似乎重复了上句的"声",似乎只是为了凑成五言。古人句律宽松,这原不足为病。但《乐记》里说"声成文谓之音",而响为应声也是古义,那么,分析的说起来,"声"和"音响"还是不同的。"谁能"二语,假设问答,本是乐府的体裁。乐府多一半原是民歌,民歌有些是对着大众唱的,用了问答的语句,有时只是为使听众感觉自己在歌里也有份儿——答语好像是他们的。但那别一篇古诗里的"谁能"二语跟本诗里的,除应用这个有趣味的问答式之外,还暗示一个主旨。那就是,只有公输与鲁班能为此器(香炉),只有杞梁妻能为此曲。本诗在答句里却多了"无乃"这个否定的反诘语,那是使语气婉转些。

这儿语气带些犹疑,却是必要的。"谁能"二句其实是双关语,关键在"此曲"上。"此曲"可以是旧调旧辞,也可以是旧调新辞——下文有"清商随风发"的话,似乎不会是新调。可以是旧调旧辞,便蕴涵着"谁能"二句的第一层意思,就是上节所论的。可以是旧调新辞,便蕴涵着另一层意思。这就是说,为此曲者莫不是杞梁妻一类人吗?——曲本兼调和辞而言。这也就是说那位"歌者"莫不是一位冤苦的女子吗?宫禁里,侯门中,怨女一定是不少的;《长门赋》《团扇辞》《乌鹊双飞》所说的只是些著名的,无名的一定还多。那高楼上的歌者可能就是一个,至少听者可以这样想,诗人可以这样想。陆机拟作里便直说道:"佳人抚琴瑟,纤手清且闲。芳气随风结,哀响馥若兰。玉容谁得顾?倾城在一弹。"语语都是个女人。曹植《七哀诗》开端道:"明月照高楼,流光正徘徊。上有愁思妇,悲叹有余哀。"似乎也多少袭用本诗的意境,那高楼上也是个女人。这些都可供旁证。

"上有弦歌声"是叙事,"音响一何悲"是感叹句,表示曲的悲,也就是表示人——歌者跟听者——的悲。"谁能"

二语进一步具体的写曲写人。"清商"四句才详细的描写歌曲本身,可还兼顾着人。朱筠说"随风发"是曲之始,"正徘徊"是曲之中,"一弹三叹"是曲之终,大概不错。商音本是"哀响",加上"徘徊",加上"一弹再三叹",自然"慷慨有余哀"。徘徊,《后汉书·苏竟传》注说是"萦绕淹留"的意思。歌曲的徘徊也正暗示歌者心头的徘徊,听者足下的徘徊。《乐记》说,"《清庙》之瑟……壹倡而三叹,有遗音者矣",郑玄注,"倡,发歌句也,三叹,三人从而叹之耳"。这个叹大概是和声。本诗"一弹再三叹"大概也指复沓的曲句或泛声而言;一面还照顾着杞梁的妻的叹,增强曲和人的悲。《说文》,"慷慨,壮士不得志于心也"。这儿却是怨女的不得志于心。——也许有人想,宫禁千门万户,侯门也深如海,外人如何听得清高楼上的弦歌声呢?这一层,姑无论诗人设想原可不必黏滞实际,就从实际说,也并非不可能的;唐代元稹的《连昌宫词》里不是说过吗,"李謩擫笛傍宫墙,偷得新翻数般曲"?还有,陆机说"佳人抚琴瑟",抚琴瑟自然是想象之辞;但参照别首,或许是"弹筝奋逸响"也未可知。

歌者的苦,听者从曲中听出想出,自然是该痛惜的。可是他说"不惜",他所伤心的只是听她的曲而知她的心的人太少了。其实他是在痛惜她,固然痛惜她的冤苦,却更痛惜她的知音太少。一个不得志的女子禁闭在深宫内院里,苦是不消说的,更苦的是有苦说不得;有苦说不得,只好借曲写心,最苦的是没人懂得她的歌曲,知道她的心。这样说来,"知音稀"真是苦中苦,别的苦还在其次。"不惜""但伤"是这个意思。这里是诗比散文经济的地方。知音是引用俞伯牙、钟子期的故事。伪《列子》道:"伯牙善鼓琴,钟子期善听。伯牙鼓琴,志在登高山。钟子期曰,'善哉!峨峨兮若泰山。'志在流水。钟子期曰,'善哉!洋洋兮若江河。'伯牙所念,钟子期必得之。"《列子》虽是伪书,但这个故事来源很古(《吕氏春秋》中有);因为《列子》里叙得合用些,所以引在这里。"伯牙所念,钟子期必得之",这才是"善听",才是知音。这样的知音也就是知心,知己,自然是很难遇的。

本诗的主人公是那听者,全首都是听者的口气。"不惜"的是他,"但伤"的是他,"愿为双鸣鹤,奋翅起高飞!""愿"的也是他。这末两句似乎是乐府的套语。《东城高且长》篇末作"思为双飞燕,衔泥巢君屋";伪苏武诗第二首袭用本诗的地方很多,篇末也说"愿为双黄鹄,送子俱远飞",篇中又有"何况双飞龙,羽翼临当乖"的话。苏武诗虽是伪托,时代和"十九首"相去也不会太远的。从本诗跟"东城高且长"看,双飞鸟的比喻似乎原是用来指男女的。——伪苏武诗里的双飞龙,李善《文选》注说是"喻己及朋友",双黄鹄无注,李善大概以为跟双飞龙的喻意相同。这或许是变化用之。——本诗的双鸣鹤,该是比喻那听者和那歌者。一作双鸿鹄,意同。鹤和鸿鹄都是鸣声嘹亮,跟"知音"相照应。"奋翼"句也许出于《楚辞》的"将奋翼兮高飞"。高,远也,见《广雅》。但《诗经·邶风·柏舟》篇末

"静言思之,不能奋飞"二语的意思,"愿为"两句里似乎也蕴涵着。这是俞平伯先生在《葺芷缭蘅室古诗札记》里指出的。那二语却是一个受苦的女子的话。唯其那歌者不能奋飞,那听者才"愿"为鸣鹤,双双奋飞。不过,这也只是个"愿",表示听者的"惜"的"伤",表示他的深切的同情罢了,那悲哀终于是"绵绵无尽期"的。

六

  涉江采芙蓉,兰泽多芳草。采之欲遗谁,所思在远道。还顾望旧乡,长路漫浩浩。同心而离居,忧伤以终老。

这首诗的意旨只是游子思家。诗中引用《楚辞》的地方很多,成辞也有,意境也有;但全诗并非思君之作。"十九首"是仿乐府的,乐府里没有思君的话,汉魏六朝的诗里也没有,本诗似乎不会是例外。"涉江"是《楚辞》的篇名,屈原所作的《九章》之一。本诗是借用这个成辞,一面也多少暗示着诗中主人的流离转徙——《涉江》篇所叙的正是屈原流离转徙的情形。采芳草送人,本是古代的风俗。《诗经·郑风·溱洧》篇道:"溱与洧,方涣涣兮,士与女,方秉蕑兮。"《毛传》,"蕑,兰也。"《诗》又道:"且往观乎,洧之外,洵訏且乐。维士与女,伊其相谑,赠之以勺药。"郑玄笺说士与女分别时,"送女以勺药,结恩情也"。《毛传》说勺药也是香草。《楚辞》也道:"采芳洲兮杜若,将以遗兮下女","搴汀洲兮杜若,将以遗兮远者","被石兰兮带杜衡,折芳馨兮遗所思","折疏麻兮瑶华,将以遗兮离居"。可见采芳相赠,是结恩情的意思,男女都可,远近也都可。

本诗"涉江采芙蓉,兰泽多芳草"便说的采芳。芙蓉是莲花,《溱洧》篇的蕳,《韩诗》说是莲花;本诗作者也许兼用《韩诗》的解释。莲也是芳草。这两句是两回事。河里采芙蓉是一事,兰泽里采兰另是一事。"多芳草"的芳草就指兰而言。《楚辞·招魂》道,"皋兰被径兮斯路渐",王逸注,"渐,没也,言泽中香草茂盛,覆被径路"。这正是"兰泽多芳草"的意思。《招魂》那句下还有"目极千里兮伤春心,魂兮归来哀江南"二语。本诗"兰泽多芳草"引用《招魂》,还暗示着伤春思归的意思。采芳草的风俗,汉代似乎已经没有。作诗人也许看见一些芳草,即景生情,想到古代的风俗,便根据《诗经》《楚辞》,虚拟出采莲采兰的事实来。诗中想象的境地本来多,只要有暗示力就成。

采莲采兰原为的送给"远者","所思"的人,"离居"的人——这人是"同心"人,也就是妻室。可是采芳送远到底只是一句自慰的话,一个自慰的念头;道路这么远这么长,又怎样送得到呢?辛辛苦苦的东采西采,到手一把芳草;这才恍然记起所思的人还在远道,没法子送去。那么,采了这些芳草是要给谁呢?不是白费吗?不是傻吗?古人道,"《诗》之失,愚",正指这种境地说。这种愚只是无可奈何的自慰。"采之欲遗谁,所思在远道。"不是自问自答,是一句话,是自诘自嘲。

记起了"所思在远道",不免爽然自失。于是乎"还顾望旧乡"。《涉江》里道,"乘鄂渚而反顾兮",《离骚》里也有"忽临睨夫旧乡"的句子。古乐府道,"远望可以当归";"还顾望旧乡"又是一种无可奈何的自慰。可是"长路漫浩浩",旧乡那儿有一些踪影呢?不免又是一层失望。漫漫,长远貌,《文选》左思《吴都赋》刘渊林注。浩浩,广大貌,《楚辞·怀沙》王逸注。这一句该是"长路漫漫浩浩"的省略。漫漫省为漫,叠字省为单辞,《诗经》里常见。这首诗以前,这首诗以后,似乎都没有如此的句子。"还顾望旧乡"一语,旧解纷歧。一说,全诗是居者思念行者之作,还顾望乡是居者揣想行者如此这般(姜任修,《古诗十九首绎》,张玉穀《古诗赏析》)。曹丕《燕歌行》道,"念君客游思断肠,慊慊思归恋故乡",正是居者从对面揣想。但那里说出"念君",脉络分明。本诗的"还顾"若也照此解说,却似乎太曲折些。这样曲折的组织,唐宋诗里也只偶见,古诗里是不会有的。

本诗主人在两层失望之余,逼得只有直抒胸臆;采芳既不能赠远,望乡又茫无所见,只好心上温寻一番罢了。这便是"同心而离居,忧伤以终老"二语。由相思而采芳草,由采芳草而望旧乡,由望旧乡而回到相思,兜了一个圈子,真是无可奈何到了极处。所以有"忧伤以终老"这样激切的口气。《周易》,"二人同心",这里借指夫妇。同心人该是生同室,死同穴,所谓"偕老"。现在却"同心而离居";"道路阻且长,会面安可知",想来是只有忧伤终老的了!"而离居"的"而"字包括着离居的种种因由种种经历,古诗浑成,不描写细节,也是时代使然。但读者并不感到缺少,因为全诗都是粗笔,这儿一个"而"字尽够咀嚼的。"忧伤以终老"一面是怨语,一面也重申"同心"的意思——是说尽管忧伤,决无两意。这两句兼说自己和所思的人,跟上文专说自己的不同;可是下句还是侧重在自己身上。

本诗跟《庭中有奇树》一首,各只八句,在"十九首"中是最短的。这一首里复沓的效用最易见。首二语都是采芳草;"远道"一面跟"旧乡"是一事,一面又跟"长路漫浩浩"是一事。八句里虽然复沓了好些处,却能变化。涉江说"采",下句便省去"采"字,句式就各别;而两语的背景又各不相同。远道是泛指,旧乡是专指;远道是"天一方","长路漫浩浩"是这"一方"到那"一方"的中间。这样便不单调。而诗中主人相思的深切却得藉这些复沓处显出。既采莲,又采兰,是唯恐恩情不足。所思的人所在的地方,两次说及,也为的增强力量。既说道远,又说路长,再加上"漫浩浩",只是"会面安可知"的意思。这些都是相思,也都是"忧伤",都是从"同心而离居"来的。

七

明月皎夜光,促织鸣东壁。玉衡指孟冬,众星何历历。白露沾野草,时节忽复易。秋蝉鸣树间,玄鸟逝安适。昔我同门友,高举振六翮。不念携手好,弃我如遗迹。南箕北有斗,牵牛不负轭。良无盘石固,虚名复何益。

这首诗是怨朋友不相援引,语意明白。这是秋夜即兴之作。《诗经·月出》篇,"月出皎兮。……劳心悄兮。""明月皎夜光"一面描写景物,一面也暗示着悄悄的劳心。促织是蟋蟀的别名。"鸣东壁","东壁向阳,天气渐凉,草虫就暖也"(张庚《古诗十九首解》)。《诗经·七月》篇道,"七月在野,八月在宇,九月在户,十月蟋蟀入我床下",可以参看。《春秋说题辞》说:"趣(同促)织之为言趣(促)也。织兴事遽,故趣织鸣,女作兼也。"本诗不用蟋蟀而用促织,也许略含有别人忙于工作自己却偃蹇无成的意思。

"玉衡指孟冬,众星何历历"也是秋夜所见。但与"明月皎夜光"不同时,因为有月亮的当儿,众星是不大显现的。这也许指的上弦夜,先是月明,月落了,又是星明;也许指的是许多夜。这也暗示秋天夜长,诗中主人"忧愁不能寐"的情形。玉衡见《尚书·尧典》(伪古文见《舜典》),是一支玉管儿,插在璇玑(一种圆而可转的玉器)里窥测星象的。这儿却借指北斗星的柄。北斗七星,形状像个舀酒的大斗——长柄的勺子。第一星至第四星成勺形,叫斗魁,第五星至第七星成柄形,叫斗杓,也叫斗柄。《汉书·律历志》已经用玉衡比喻斗杓,本诗也是如此。古人以为北斗星一年旋转一周,他们用斗柄所指的方位定十二月二十四气。斗柄指着甚么方位,他们就说是那个月那个节气。这在当时是常识,差不多人人皆知。"玉衡指孟冬",便是说斗柄已指着孟冬的方位了；这其实也就是说，现在已交了冬令了。

这一句里的孟冬，李善说是夏历的七月，因为汉初是将夏历的十月作正月的。历来以为"十九首"里有西汉诗的，这句诗是重要的客观的证据。但古代历法，向无定论。李善的话也只是一种意见，并无明确的记载可以考信。俞平伯先生在《清华学报》曾有长文讨论这句诗，结论说它指的是夏历九月中。这个结论很可信。陆机拟作道："岁暮凉风发，昊天肃明明。招摇西北指，天汉东南顷。"招摇是斗柄的别名。"招摇西北指"该与"玉衡指孟冬"同意。据《淮南子·天文训》，西北是夏历九月十月之交的方位，而正西北是立冬的方位。本诗说"指孟冬"，该是作于夏历九月立冬以后；斗柄所指该是西北偏北的方位。这跟诗中所写别的景物都无不合处。"众星何历历！"历历是分明。秋季天高气清，所谓"昊天肃明明"，众星更觉分明，所以用了感叹的语调。

"明月皎夜光"四语，就秋夜的见闻起兴。"白露沾野草，时节忽复易。秋蝉鸣树间，玄鸟逝安适。"却接着泛写秋天的景物。《礼记》，"孟秋之月，白露降"，又，"孟秋，寒蝉鸣"，又，"仲秋之月，玄鸟归"——郑玄注，玄鸟就是燕子。《礼记》的时节只是纪始。九月里还是有白露的，虽然立了冬，而立冬是在霜降以后，但节气原可以早晚些。九月里也还有寒蝉。八月玄鸟归，九月里说"逝安适"，更无不可。这里"时节忽复易"兼指白露，秋蝉，玄鸟三语；因为白露同时是个节气的名称,便接着"沾野草"说下去。这四语见出秋天一番萧瑟的景象,引起宋玉以来传统的悲秋之感。而"时节忽复易","岁暮一何速"(《东城高且长》中句)诗中主人也是"贫士失职而志不平",也是"淹留而无成"(宋玉《九辩》)自然感慨更多。

"昔我同门友"以下便是他自己的感慨来了。何晏《论语集解》"有朋自远方来,不亦乐乎!"下引包咸曰,"同门曰朋"。邢昺疏引郑玄《周礼注》,"同师曰朋,同志曰友",说同门是同在师门受学的意思。同门友是很亲密的,所以下文有"携手好"的话。《诗经》里道,"惠而好我,携手同车",也是很亲密的。从前的同门友现在是得意起来了。"高举振六翮"是比喻。《韩诗外传》,"盖桑曰,'夫鸿鹤一举千里,所恃者六翮耳。'"翮是羽茎,六翮是大鸟的翅膀。同门友好像鸿鹄一般高飞起来了。上文说玄鸟,这儿便用鸟作比喻。前面两节的联系就靠这一点儿,似连似断的。同门友得意了,却"不念携手好,弃我如遗迹"了。《国语·楚语下》,"灵王不顾于民,一国弃之,如遗迹焉"。韦昭注,像行路人遗弃他们的足迹一样。今昔悬殊,云泥各判,又怎能不感慨系之呢?

"南箕北有斗,牵牛不负轭",李善注,"言有名而无实也。"《诗经》:"维南有箕,不可以簸扬;维北有斗,不可以挹酒浆。""睆彼牵牛,不以服箱。"箕是簸箕,用来扬米去糠。服箱是拉车。负轭是将轭架在牛颈上,也还是拉车。名为箕而不能簸米,名为斗而不能挹酒,名为牛而不能拉车,所以是"有名而无实"。无实的名只是"虚名"。但是诗中只将牵牛的有名无实说出,"南箕""北有斗"却只引《诗经》的成辞,让读者自己去联想。这种歇后的手法,偶然用在成套的比喻的一部分里,倒也新鲜,见出巧思。这儿的箕、斗、牵牛虽也在所见的历历众星之内,可是这两句不是描写景物而是引用典故来比喻朋友。朋友该相援引,名为朋友而不相援引,朋友也只是"虚名"。"良无盘石固",良,信也,《声类》,"盘,大石也"。固是"不倾移",《周易·系辞下》"德之固也"注如此;《荀子·儒效篇》也道,"万物莫足以倾之之谓固"。《孔雀东南飞》里兰芝向焦仲卿说:"君当作盘石,妾当作蒲苇。蒲苇纫如丝,盘石无转移。"仲卿又向兰芝说:"盘石方且厚,可以卒千年。"可见"盘石固"是大石头稳定不移的意思。照从前"同门""携手"的情形,交情该是盘石般稳固的。可是现在"弃我如遗迹"了,交情究竟没有盘石般稳固呵。那么,朋友的虚名又有什么用处呢! 只好算白交往一场罢了。

本诗只开端三语是对偶,"秋蝉"二语偶而不对,其余都是散行句。前节描写景物,也不尽依逻辑的顺序,如促织夹在月星之间,以及"时节忽复易"夹在白露跟秋蝉玄鸟之间。但诗的描写原不一定依照逻辑的顺序,只要有理由。"时节"句上文已论。"促织"句跟"明月"句对偶着,也就不觉得杂乱。而这二语都是韵句,韵脚也给它们凝整的力量。再说从大处看,由秋夜见闻起手,再写秋天的一般景物,层次原也井然。全诗又多直陈,跟《青青陵上柏》《今日良宴会》有相似处,但结构自不相同。诗中多用感叹句,如"众星何历历!""时节忽复易!""玄鸟逝安适!""虚名复何益!"也和《青青陵上柏》里的"极宴娱心意,戚戚何所迫!",《今日良宴会》里的"何不策高足,先据要路津?无为守穷贱,轗轲长苦辛!"相似。直陈要的是沉着痛快,感叹句能增强这种效用。诗中可也用了不少比喻。六翮、南箕、北斗、牵牛,都是旧喻新用,盘石是新喻,玉衡,遗迹,是旧喻。这些比喻,特别是箕、斗、牵牛那一串儿,加上开端二语牵涉到的感慨,足以调剂直陈诸语,免去专一的毛病。本诗前后两节联系处很松泛,上面已述及,松泛得像歌谣里的接字似的。《青青陵上柏》里利用接字增强了组织,本诗六翮接玄鸟,前后是长长的两节,这个效果便见不出。不过,箕、斗、牵牛既照顾了前节的"众星何历历",而从传统的悲秋到失志无成之感到怨朋友不相援引,逐层递进,内在的组织原也一贯。所以诗中虽有些近乎散文的地方,但就全体而论,却还是紧凑的。

八

冉冉孤生竹,结根泰山阿。与君为新婚,兔丝附女萝。兔丝生有时,夫妻会有宜。千里远结婚,悠悠隔山陂。思君令人老,轩车来何迟!伤彼蕙兰花,含英扬光辉,过时而不采,将随秋草萎。——君亮执高节,贱妾亦何为?

吴淇说这是"怨婚迟之作"(《选诗定论》),是不错的。方廷珪说"与君为新婚""只是媒妁成言之始,非嫁时"(《文选集成》),也是不错的。这里"为新婚"只是定了婚的意思。定了婚却老不成婚,道路是悠悠的,岁月也是悠悠的,怎不"思君令人老"呢?一面说"与君""思君","君亮",一面说"贱妾",显然是怨女在向未婚夫说话。但既然"为新婚",照古代的交通情形看,即使不同乡里,也该相去不远才是,怎么会"千里远""隔山陂"呢?也许那男子随宦而来,定婚在幼年,以后又跟着家里人到了远处或回了故乡。也许他自己为了种种缘故,作了天涯游子。诗里没有提,我们只能按情理这样揣想罢了。无论如何,那女子老等不着成婚的信儿是真的。照诗里的口气,那男子虽远隔千里,却没有失踪;至少他的所在那女子是还知道的。说"轩车来何迟!"说"君亮执高节",明明有个人在那里。轩车是有阑干的车子,据杜预《左传注》,是大夫乘坐的。也许男家是做官的;也许这只是个套语,如后世歌谣里的"牙床"之类。这轩车指的是男子来亲迎的车子。彼此相去千里,隔着一重重山坡,那女子似乎又无父母,自然只有等着亲迎一条路。男大当婚,女大当嫁;彼此到了婚嫁的年纪,那男子却总不来亲迎,怎不令人忧愁相思要变老了呢!"思君令人老"是个套句,但在这里并不缺少力量。

究竟"轩车来何迟"呢?诗里也不提及。可能的原因似乎只有两个:一是那男子穷,道路隔得这么远,亲迎没有这笔钱。二是他弃了那女子;道路隔得这么远,岁月隔得这么久,他懒得去践那婚约——甚至于已经就近另娶,也没有准儿。照诗里的口气,似乎不是因为穷。诗里的话,那么缠绵固结,若轩车不来是因为穷,该有些体贴的句子。可是没有。诗里只说了"君亮执高节"一句话,更不去猜想轩车来迟的因由;好像那女子已经知道,用不着猜想似的。亮,信也。——你一定"守节情不移",不至于变心负约的。果能如此,我又为何自伤呢?——上文道,"伤彼蕙兰花,——";"贱妾亦何为?"就是何为"伤彼",而"伤彼"也就是自伤。张玉榖说这两句"代揣彼心,自安己分"(《古诗赏析》),可谓确切。不过"代揣彼心"未必是彼真心;那女子口里尽管说"君亮执高节",心里却在惟恐他不"执高节"。这是一句原谅他,代他回护,也安慰自己的话。他老不来,老不给成婚的信儿,多一半是变了心,负了约,弃了她;可是她不能相信这个。她想他,盼他,希望他"执高节";惟恐他不如此,是真的,但愿他还如此,也是真的。轩车不来,却只说"来何迟"!相隔千里,不能成婚,却还说"千里远结婚"——尽管千里,彼此结为婚姻,总该是固结不解的。这些都出于同样的一番苦心,一番希望。这是"怨而不怒",也是"温柔敦厚"。

婚姻贵在及时,她能说的,敢说的,只是这个意思。"兔丝生有时""过时而不采"都从"时"字着眼。既然"与君为新婚",既然结为婚姻,名分已定,情好也会油然而生。也许彼此还没有见过面,但自己总是他的人,盼望及时成婚,正是常情所同然。他的为人,她不能详细知道;她只能说她自己的。她对他的情好是怎样的缠绵固结呵。她盼望他来及时成婚，又怎样的热切呵。全诗用了三个比喻，只是回环复沓的暗示着这两层意思。"冉冉孤生竹,结根泰山阿""兔丝附女萝"都暗示她那缠绵固结的情好。冉冉是柔弱下垂的样子，山阿是山弯里。泰山，王念孙《读书杂志》说是"大山"之讹，可信；大山犹如高山。李善注，"竹结根于山阿，喻妇人托身于君子也"。"孤生"似乎暗示已经失去父母，因此更需有所依托——也幸而有了依托。弱女依托于你，好比孤生竹结根于大山之阿——她觉得稳固不移。女萝就是松萝。陆玑《毛诗草木疏》，"今松萝蔓松而生，而枝正青。兔丝草蔓联草上，黄赤如金，与松萝殊异"。"兔丝附女萝"，只暗示缠结的意思。李白诗，"君为女萝草，妾作兔丝华"，以为女萝是指男子，兔丝是女子自指。就本诗本句和下文"兔丝生有时"句看，李白是对的。这里两个比喻中间插入"与君为新婚"一句，前后照应，有一箭双雕之妙——还有，《楚辞·山鬼》道，"若有人兮山之阿"，"思公子兮徒离忧"。本诗"结根大山阿"更暗示着下文"思君令人老"那层意思。

"兔丝生有时"，为甚么单提兔丝，不说女萝呢？兔丝有花，女萝没有；花及时而开，夫妇该及时而会。"夫妇会有宜"，宜，得其所也；得其所也便是得其时。这里兔丝虽然就是上句的兔丝——蝉联而下，也是接字的一格——，可是不取它的"附女萝"为喻而取它的"生有时"为喻，意旨便各别了。这两语是本诗里仅有的偶句；本诗比喻多，得用散行的组织才便于将这些彼此不相干的比喻贯串起来,所以偶句少。下文蕙兰花是女子自比,有花的兔丝也是女子自比。女子究竟以色为重,将花作比,古今中外,心同理同。——夫妇该及时而会,可是千里隔山陂,"轩车来何迟"呢! 于是乎自伤了。"一干一花而香有余者,兰;一干数花而香不足者,蕙",见《尔雅翼》;总而言之是香草。花而不实者谓之英,见《尔雅》。花而不实,只以色为重,所以说"含英扬光辉"。五臣注,"此妇人喻己盛颜之时"。花"过时而不采",将跟着秋草一块蔫儿了,枯了;女子过时而不婚,会真个变老了。《离骚》道,"惟草木之零落兮,恐美人之迟暮";"夫妇会有宜",妇贵及时,夫也贵及时之妇。现在轩车迟来,眼见就会失时,怎能不自伤呢? 可是——念头突然一转,她虽然不知道他别的,她准知道他会守节不移;他会来的,迟点儿,早点儿,总会来的。那么,还是等着罢,自伤为了甚么呢? 其实这不过是无可奈何的自慰——不,自骗——罢了。

九

庭中有奇树,绿叶发华滋。攀条折其荣,将以遗所思。馨香盈怀袖,路远莫致之,此物何足贡? 但感别经时。

"十九首"里本诗和《涉江采芙蓉》一首各只八句,最短。而这一首直直落落的,又似乎最浅。可是陆时雍说得

好,"'十九首'深衷浅貌,短语长情"(《古诗镜》);这首诗才恰恰当得起那两句评语。试读陆机的拟作:

> 欢友兰时往,苕苕匿音徽。虞渊引绝景,四节逝若飞。芳草久已茂,佳人竟不归。踯躅遵林渚,惠风入我怀;感物恋所欢,采此欲贻谁!

这首诗恰可以作本篇的注脚。陆机写出了一个有头有尾的故事:先说所欢在兰花开时远离;次说四节飞逝,又过了一年;次说兰花又开了,所欢不回来;次说踯躅在兰花开处,感怀节物,思念所欢,采了花却不能赠给那远人。这里将兰花换成那"奇树"的花,也就是本篇的故事。可是本篇却只写出采花那一段儿,而将整个故事暗示在"所思""路远莫致之""别经时"等语句里。这便比较拟作经济。再说拟作将故事写成定型,自然不如让它在暗示里生长着的引人入胜。原作比拟作"语短",可是比它"情长"。

诗里一面却详叙采花这一段儿。从"庭中有奇树"而"绿叶",而"发华滋",而"攀条",而"折其荣";总而言之,从树到花,应有尽有,另来了一整套儿。这一套却并非闲笔。蔡质《汉官典职》,"宫中种嘉木奇树",奇树不是平常的树,它的花便更可贵些。

这里浑言"奇树",比拟作里切指兰草的反觉新鲜些。华同花,滋是繁盛。荣就是华,避免重复,换了一字。朱筠说本诗"因人而感到物,由物而说到人",又说"因意中有人,然后感到树;……'攀条折其荣,将以遗所思',因物而思绪百端矣"(《古诗十九首说》),可谓搔着痒处。诗中主人也是个思妇,"所思"是她的"欢友"。她和那欢友别离以来,那庭中的奇树也许是第一回开花,也许开了不止一回花;现在是又到了开花的时候。这奇树既生在庭中,她自然朝夕看见;她看见叶子渐渐绿起来,花渐渐繁起来。这奇树若不在庭中,她偶然看见它开花,也许会顿吃一惊:日子过的快呵,一别这么久了!可是这奇树老在庭中,她天天瞧着它变样儿,天天觉得过的快,那人是一天比一天远了!这日日的熬煎,渐渐的消磨,比那顿吃一惊更伤人。诗里历叙奇树的生长,便为了暗示这种心境;不提苦处而苦处就藏在那似乎不相干的奇树的花叶枝条里。这是所谓浅貌深衷。

孙鑛说这首诗与《涉江采芙蓉》同格,邵长蘅也说意同。这里"同格""意同"只是一个意思。两首诗结构各别,意旨确是大同。陆机拟作的末语跟《涉江采芙蓉》第三语只差一"此"字,差不多是直钞,便可见出。但是《涉江采芙蓉》有行者望乡一层,本诗专叙居者采芳欲赠,轻重自然不一样。孙鑛又说"盈怀袖"一句意新。本诗只从采芳着眼,便酝酿出这新意。采芳本为了祓除邪恶,见《太平御览》引《韩诗章句》。祓除邪恶,凭着花的香气。"馨香盈怀袖"见得奇树的花香气特盛,比平常的香花更为可贵,更宜于赠人。一面却因"路远莫致之"——致,送达也——久久的痴痴的执花在手,任它香盈怀袖而无可奈何。《左传》声伯梦歌,"归乎,归乎!琼瑰盈吾怀乎"!《诗·卫风》,"籊籊竹竿,以钓于淇。岂不尔思?远莫致之"。本诗引用"盈怀""远莫致之"两个成辞,也许还联想到各原辞的上一语:"馨香"句可能暗示着"归乎,归乎!"的愿望,"路远"句更是暗示着"岂不尔思"的情味。断章取义,古所常有,与原义是各不相干的。诗到这里来了一个转语,"此物何足贡"?贡,献也,或作贵。奇树的花虽比平常的花更可贵,更宜于赠人,可是为人而采花,采了花而"路远莫致之",又有甚么用处!那么,可贵的也就不足贵了。泛称"此物",正是不足贵的口气。"此物何足贵"?将攀条折荣,香盈怀袖,路远莫致,一笔抹杀,是直直落落的失望。"此物何足贡"?便不同一些。此物虽可珍贵,但究竟是区区微物,何足献给你呢?没人送去就没人送去算了。也是失望,口气较婉转。总之,都是物轻人重的意思,朱筠说"非因物而始思其人",一语破的。意中有人,眼看庭中奇树叶绿花繁,是一番无可奈何;幸而攀条折荣,可以自遣,可遗所思,而路远莫致,又是一番无可奈何。于是乎"但感别经时"。"别经时"从上六句见出:"别经时"原是一直感着的,盼望采花打个岔儿,却反添上一层失望。采花算甚么呢?单只感着别经时,老只感着别经时,无可奈何的更无可奈何了。"这次第怎一个'愁'字了得"呵!孙鑛说"盈怀袖"一句下应以"别经时","视彼(《涉江采芙蓉》)较快,然冲味微减"。本诗原偏向明快,《涉江采芙蓉》却偏向深曲,各具一格,论定优劣是很难的。

(选自1941年《国文月刊》第六—九、第十五期)

编 后 记

《经典常谈》是一本经典阅读训练的入门读物,也是普及中国传统文化的典范之作,可以很好地帮助一般读者消除与经典的隔膜。这本书用白话文介绍古代典籍,既展现了朱自清先生的学术视野,也显示出他作为新文学作家的文学品格。

为使读者更全面地了解朱自清的文字风格和研究方法,本书增收十四篇文章作为"延伸阅读"。《匆匆》《春》《背影》等七篇是朱自清的散文代表作,有的入选中小学语文教材。《怎样学习国文》《文学的标准和尺度》等七篇则可视为《经典常谈》的延续扩充,它们或是提纲挈领地指出学习和理解文学,尤其是古典文学的方法;或是讨论了古典文学研究中的某些重要论题;或是以具体作品为例,展示了读诗解诗的方法。这些都可成为读者经典阅读训练的有效助力。

此版《经典常谈》以文光书店 1946 年初刊本为底本,

其他"延伸阅读"篇目的版本则各自在文后标出,并据作者生前审定(或写定)的文本作了校核。为最大限度保留作品原貌和时代特色,文中用词、用字及引文、注释等格式,未按现行出版规范强行统一。另,《经典常谈》写于20世纪上半叶,近七八十年来,学术界在很多领域取得的新进展,为作者当时所不及见。为保证相关知识的准确性,个别地方采用"编者按"的方式做了补充说明。不当之处,敬请读者批评。